ES GEHT AUCH ANDERS

Elke Kahr
Es geht auch anders

www.edition-a.at

Redaktionelle Mitarbeit: Philipp Weritz

Cover: Bastian Welzer
Satz: Bastian Welzer

Gesetzt in der Premiera
Gedruckt in Europa

1 2 3 4 5 — 26 25 24 23

ISBN 978-3-99001-622-0

ELKE KAHR
im Gespräch mit Silvia Jelincic

ES GEHT AUCH ANDERS

edition a

INHALT

Dieses Buch entstand auf Basis vorbereitender Interviews, die die österreichische Journalistin und Bloggerin Silvia Jelincic mit Elke Kahr führte. Im Text wird aus Gründen der besseren Lesbarkeit und Übersichtlichkeit auf gegenderte Formulierungen teilweise verzichtet. Selbstverständlich sind immer die weibliche und männliche Form gemeint.

VORWORT

Wie an den meisten Samstagen seit den Anfängen ihrer politischen Laufbahn spricht Elke Kahr zunächst an einem Infostand der Grazer *KPÖ* am Lendplatz, der auch für seinen Bauernmarkt bekannt ist, mit Grazerinnen und Grazern über deren Probleme oder plaudert einfach nur mit ihnen. Später, auf dem Weg zu einem Lokal in der Stockergasse, wo sie uns eins der Interviews für dieses Buch geben wird, bückt sie sich nach einem am Boden liegenden Zettel. Es ist ein A4-Blatt aus dem Farbkopierer, das jemand mit Klebestreifen am Zaun neben dem Gehsteig befestigt hatte. Von dort ist es heruntergefallen. In der selbstgebastelt wirkenden Einladung geht es um ein Bürgerinnen- und Bürgertreffen zum Thema Stadtteilbegrünung.

Kahr versucht mit mäßigem Erfolg, den Zettel wieder anzubringen. Sie kennt die Frau, von der er stammt. Die Architektin war heute Morgen bei ihr am Infostand, um dort einen Packen der Zettel zu hinterlassen und sie zu dem Treffen einzuladen. »Der Tixo wird auf dem Holz nicht halten, aber irgendwie mag ich es nicht, wenn Papier am Boden liegt«, sagt Kahr.

Vor dem Lokal, einem Café für jüngeres Publikum, sind zwei Tische frei. Die Grazer Bürgermeisterin und *KPÖ*-Chefin zeigt auf beide und blickt die Kellnerin fragend an. »Dürfen wir?«

Die Kellnerin schüttelt den Kopf. »Hier ist leider reserviert.«

Wir finden im Gastgarten an der Rückseite des Cafés Platz, gleich neben einer Sandkiste. Ein weißer Pudel hüpft gerade in die Kiste, in der auch Kinderspielzeug liegt, und gräbt wie wild ein Loch. Kahr runzelt die Stirn. »Das geht eigentlich nicht«, sagt sie zu uns.

Die Eignerin des Hundes hat unsere Blicke bemerkt und hebt resigniert die Arme. »Er gräbt so gern«, meint sie, mehr verliebt in den Hund als entschuldigend.

Kahr: »Immerhin gut, dass es hier überhaupt eine Sandkiste gibt.« Dann wendet sie sich mit einem strahlenden Lächeln an uns. »Worüber reden wir heute?«

Die Fragen für ein Buch wie dieses sollen die Interviewten verführen, sich über den Rahmen anderer Medienformate hinaus zu erklären. Es geht nicht darum, ihre Selbstsicht zu relativieren. Eine journalistische Grundhaltung der Distanz und Kritik prägt diese Fragen trotzdem. Auch bei Elke Kahr, obwohl sie uns von Anfang an gezeigt hat, dass ihre Art von Kommunismus keine Pose ist, schon gar keine populistische, sondern eher ein von ihrem Naturell initiierter Reflex.

Als wir sie baten, dieses Buch mit uns zu machen, hatte sie zunächst Zweifel. »Viel zu tun«, sagte sie. Was kein Wunder ist. Manchen der Passantinnen und Passanten, die ihr samstags am Infostand oder bei anderen Gelegenheiten ihre Anliegen vortragen, gibt sie gleich vor Ort Tipps oder sagt es ihnen klipp und klar, wenn sie einmal nicht helfen kann. Manche verweist sie an zuständige Referate. Aber die meisten bittet sie um ihre Telefonnummer.

Die bekommen wenig später tatsächlich einen Anruf und einen Termin bei ihr im Bürgermeisterinnen-Büro. Auf jedes der Gespräche lässt sie sich ein, sie scheint nicht anders zu können. Kahr verweilt gern bei Themen, wird neugierig, begeistert sich für etwas, hat Ideen. Für ihr Terminmanagement muss das eine Herausforderung sein.

Ebenso wie die direkte Kommunikation mit Bürgerinnen und Bürgern gehört aber auch die Kommunikation über Medien zu den grundlegenden politischen Aufgaben. Zumal in Zeiten, die durch Teuerungen, Verarmung, Energiekrise, Pandemie, Klimawandel und die damit verbundenen Existenz- und Zukunftsängste geprägt sind. Da gibt es viele, die Sorgen haben, die nach den tieferen gesellschaftspolitischen Ursachen suchen und die wissen wollen, wie ein anderes System aussehen könnte. Die Bundesregierung wirkt überfordert, doch Kahr kann Antworten geben, die gleichzeitig bekannt und dennoch erstaunlich neu klingen. Das alles ist ihr bewusst.

Zudem war der Umstand, dass ausgerechnet eine Kommunistin Österreichs zweitgrößte Stadt regiert, aus medialer Sicht von Beginn an derart kolossal, dass die Analyse dieses kommunalpolitischen Erdrutsches den Rahmen der Berichterstattung von Tageszeitungen, Radios und Fernsehsendern teilweise sprengte. »Alle wünschen sich von Politikern Antworten in einem Satz«, sagte Kahr gleich zu Beginn unseres ersten Gespräches. »Das ist verständlich, doch dabei kommt manchmal einiges zu kurz. Zum Beispiel, wenn die häufig gestellte Frage lautet, was Kommunismus für mich eigentlich ist.«

Als Elke Kahr schließlich einwilligte, die Interviews für dieses Buch mit uns zu machen, ging es der Routine im Verlagswesen entsprechend auch um ihr Honorar. Von der Größenordnung her macht es bei derartigen Projekten rund zehn Prozent des Ladenpreises jedes verkauften Buches aus, also etwa 1,80 Euro pro Buch. Ohne zu zögern meinte Kahr, sie wolle kein Geld, auch nicht, um es zu spenden. »Etwas verdienen sollen die Menschen, die auch die Arbeit damit haben, und das bin in diesem Fall nicht ich«, erklärte sie. Erst im Laufe der Interviews verstanden wir, dass sie uns damit reflexartig ein kleines Stück ihrer Idee vom Kommunismus und der darin vorgesehenen Rolle für arbeitende Frauen und Männer gezeigt hatte.

Elke Kahrs Authentizität macht die journalistische Suche nach dem Haken an der Sache manchmal schwer. Allzu leicht drängt sich eine andere Frage auf: Warum denken, warum handeln nicht alle Politikerinnen und Politiker so authentisch wie sie? Warum sind nicht alle so nah an den Menschen? Elke Kahr kennt das Phänomen und freut sich darüber. Sie spricht dann von einem Funken, der überspringt. Von einem Wir-Gefühl, das manchmal auch über politische Parteigrenzen hinweg entsteht.

Auch ihre Begeisterung darüber ist offensichtlich keine Pose. Sonst hätte sie, die Unprätentiöse, die für die Politik so Untypische und mit ihrer Utopie so Exponierte, die Grazer Gemeinderatswahlen im Jahr 2021 nicht gewinnen und den vormaligen konservativen Bürgermeister nicht ablösen können. Oder gibt es doch einen Haken?

Ich wünsche eine spannende Lektüre!

Silvia Jelincic

WORKING CLASS HERO

Wenn wir das Wort »Kommunismus« hören, haben wir alle ein Bild vor Augen, das geprägt ist von der Geschichtsschreibung und der jahrzehntelangen Meinungsbildung im Kalten Krieg. Was aber ist Kommunismus eigentlich? Wie absurd ist es wirklich, dass Graz als zweitgrößte Stadt Österreichs eine kommunistische Bürgermeisterin hat? Und was hat das alles mit John Lennon zu tun?

»Alle wünschen sich von Politikerinnen und Politikern Antworten in einem Satz. Das ist verständlich, doch dabei kommt manchmal einiges zu kurz. Zum Beispiel wenn die mir besonders häufig gestellte Frage lautet, was Kommunismus eigentlich für mich ist. Denn um das zu erklären, muss ich zunächst einige Missverständnisse ausräumen.

Die sogenannten »kommunistischen« Staaten wurden von kommunistischen Parteien regiert, betrachteten ihr politisches System aber nicht als Kommunismus, sondern als Sozialismus. Der Kommunismus war ein fernes Ziel, das man erreichen wollte, eine Utopie. Im Song *Imagine* beschreibt John Lennon die Vorstellung eines solchen Ideals.

Das verbreitete negative Bild des Kommunismus entstand während des Kalten Krieges, der von 1947 bis 1989 das Weltgeschehen dominierte. Er stellte damals die große Bedrohung dar. Mit dem von den USA angeführten Westen und der Sowjetunion mit ihren verbündeten Staaten standen einander zwei Machtblöcke gegenüber, die brutale Stellvertreterkriege in Korea, Vietnam und Afghanistan führten und die per Knopfdruck die ganze Welt in eine nukleare Katastrophe hätten stürzen können. Auch die neutralen und blockfreien Staaten standen in der Regel der einen oder anderen Seite näher, und das bestimmte auch wesentlich das Bild, das in Medien und Schulbüchern gezeichnet wurde.

In Österreich wurde in abgeschwächter Form die Sichtweise übernommen, die in der damaligen BRD verbreitet wurde. Seither galt er als feindliches System, das alle Menschen gleichzumachen versucht und sie zu diesem Zweck enteignet und unterdrückt.

Die damaligen Führer dieser Länder waren zum Teil selbst daran schuld. Josef Stalin hat viele Verbrechen zu verantworten. Hammer und Sichel in gekreuzter Form sowie der rote Stern sind zwar nach wie vor weltweit wichtige Symbole der Verbindung der Arbeiterbewegung und der Bauern, doch an Stalins Taten gibt es nichts zu beschönigen. Er ließ unzählige Menschen ermorden, nicht zuletzt viele Kommunistinnen und Kommunisten, die sich gegen seine diktatorische Politik stellten. Es wäre aber auch zu einfach, alle Fehlentwicklungen einem einzelnen Mann in die Schuhe zu schieben. Auch nach Stalins Tod gelang es nicht, die sozialistischen Staaten so zu gestalten, wie es eigentlich Aufgabe der kommunistischen Parteien gewesen wäre. Dass die *KPÖ* dazu geschwiegen hat, hat sicher nicht dazu beigetragen, ihr Ansehen in Österreich zu stärken. Wir hätten viel früher deutliche Worte finden müssen. Als in der Sowjetunion Reformen zugelassen wurden, war es längst zu spät.

Der Antikommunismus der damaligen Zeit, der teilweise auch heute noch weiterwirkt, wird aber ganz unabhängig davon gegen alle Bewegungen für soziale Gerechtigkeit ausgenützt.

Die alten kommunistischen Führer hatten eine wichtige Sache nicht verstanden: Wer die Menschen in dem Land, das er regiert, nicht vom Wert seiner Arbeit überzeugen kann, wird langfristig keinen Erfolg haben.

Die meisten sozialistischen Staaten sind mit der Sowjetunion untergegangen und haben einen oft ungezügelten Kapitalismus eingeführt und zugelassen. Westliche Investoren haben diese Staaten im wörtlichen Sinn aufgekauft, was in vielen Ländern zu neuen Fehlentwicklungen geführt hat.

Der Kommunismus ist aber eine Weltanschauung, kein politisches System und auch keine nostalgische Sichtweise auf Staaten, deren herrschende Parteien das Wort »Kommunismus« im Namen geführt haben. Er ist ein Orientierungspunkt, aus dem andere Sichtweisen und eine andere politische Praxis abgeleitet werden kann als aus der vorherrschenden marktwirtschaftlichen Sichtweise, die dazu führt, dass große Konzerne mehr oder weniger vorgeben, in welche Richtung sich die Gesellschaften entwickeln. Soziale Gerechtigkeit und der Zustand der Umwelt werden den Interessen des Marktes untergeordnet, dafür zahlen wir alle einen hohen Preis.

Eine Politik, die einen demokratischen, humanistischen und ökologischen Gegenentwurf zum Kapitalismus entwickelt, ist gerade angesichts des gegenwärtigen Zustandes der Welt aktueller denn je. Eine Art von Politik, die der Sehnsucht vieler Menschen nach einem Systemwechsel weg von der ungezügelten freien Marktwirtschaft und weg vom Raubtierkapitalismus gerecht wird.

Eine Art von Politik auch, die vernünftige und konkrete Lösungen für Probleme bietet, unter denen jetzt Millionen Menschen leiden: Für die dramatischen Teuerungen, die für viele ihr eigenes Leben unerschwinglich machen. Für die Existenz- und Zukunftsängste, die sich daraus ergeben. Für die wachsende Kluft zwischen Armen und Reichen, deren Spaltkraft viele unterschätzen. Für den Klimawandel, der angesichts all der anderen Krisen fast schon in den Hintergrund getreten ist, der aber immer größere Teile unserer Umwelt zerstört, bei uns ganze Täler davonschwemmt und unsere natürlichen und wirtschaftlichen Grundlagen erschüttert.

Der moderne Kommunismus lässt sich gut anhand der großen Themen Arbeit, Bildung, Wohnen, Gesundheit, Umwelt, Umverteilung und Demokratie sowie anhand des Unterschiedes zwischen Sozialdemokratie und Kommunismus erklären.

Arbeit

Kapitalismus bedeutet, dass der Großteil der Menschen, nämlich alle, die über kein Kapital verfügen, um andere für sich arbeiten zu lassen, ihre Arbeitskraft am Arbeitsmarkt verkaufen. Wenn es für ein Unternehmen gut läuft, kann es durchaus sein, dass sich das auch positiv auf die Beschäftigten auswirkt. Die großen Gewinne stecken aber wenige Eigentümer und Aktionäre ein. Und wenn große Betriebe in Schwierigkeiten geraten, wie etwa in der Wirtschaftskrise seit 2007 oder in der Corona-Pandemie, werden die Risiken auf die gesamte Gesellschaft abgewälzt, die die Kosten für die Rettung von »systemrelevanten« Banken und Konzernen tragen muss. Geht es wieder bergauf, bleiben die Gewinne aber in der Regel wieder bei Wenigen. Mit dem Argument der weltweiten Konkurrenz werden auch Steuern auf Gewinne immer weiter gesenkt. Dadurch wird es für die öffentliche

Hand immer schwieriger, wichtige Aufgaben wie Bildung, Pflege, Wohnbau, Gesundheit, Kultur und Umweltschutz zu finanzieren.

Wir wünschen uns eine Gesellschaft, in der statt einer überschaubaren Anzahl von Börsenmaklern, Profitmachern oder Großgrundbesitzern die arbeitenden Menschen den Gang der Ereignisse bestimmen.

Mir fällt dazu manchmal John Lennons *Working Class Hero* ein, ein politischer Song über das soziale Gefälle der Klassengesellschaft, den Lennon 1970 für sein erstes Album nach Auflösung der Beatles schrieb. »Ein Held der Arbeiterklasse zu sein, das ist schon was«, lautet der Refrain.

Lennon schildert darin unter anderem, wie das System arbeitende Menschen missbraucht. »Sobald ihr geboren seid, sorgen sie dafür, dass ihr euch klein fühlt, indem sie euch keine Zeit geben, anstatt alle Zeit der Welt«, singt er. Und an einer anderen Stelle: »Da ist noch ein Platz frei an der Spitze, erzählen sie euch. Aber erst müsst ihr lernen, beim Töten zu lächeln, um so zu sein wie die da oben.«

Manches in Lennons Text ist seiner Zeit geschuldet und heute würde er das Gleiche vielleicht anders formulieren, aber die Verhältnisse, in denen wir leben, lassen sich trotzdem auch mit diesem Song gut erklären.

Die arbeitenden Menschen wollen nicht mehr ständig die Opfer des Systems sein. Wir wollen es in unserem Sinn gestalten. Und wir haben eine Vorstellung davon, wie es gehen kann.

Konservative Kräfte werfen uns manchmal vor, Wirtschaft sei uns egal. Tatsächlich ist sie uns ein großes Anliegen. Mir liegen vor allem Klein- und Mittelbetriebe und Ein-Personen-Unternehmen am Herzen, ebenso wie unsere großen Industriebetriebe. Wir brauchen sie in unserer Stadt und wir haben als *KPÖ* immer wieder wesentliche Entscheidungen zu ihren Gunsten mitgetragen.

Dennoch werden wir Kommunistinnen und Kommunisten immer auf der Seite der arbeitenden Menschen stehen. Denn der kapitalistische Leistungsgedanke setzt sie immer stärker unter Druck. Leistung und noch mehr Leistung, von der Schule bis zur Pension und jeden Tag von früh bis spät.

Arbeit ist etwas Gutes. Wir brauchen nicht nur das Einkommen, das wir damit erzielen, sondern auch die damit verbundenen Begegnungen und die Anerkennung. Immer mehr Menschen arbeiten aber heute oft bis zum Umfallen, und das macht sie krank, während andere keine Chance auf eine geregelte, bezahlte Arbeit bekommen. Dann glauben sie auch noch, sie seien selbst schuld. Viele Medien und Politiker unterstützen dies auch noch und spielen die Menschen gegeneinander aus, machen andere zu Sündenböcken und erklären all jenen, die jahrelang bis zum Umfallen schuften, sie würden zu hohe Ansprüche stellen und müssten viel länger arbeiten.

Wenn du dich bemühst, wirst du alles schaffen.

Es hängt nur von dir selbst ab, ob du vorwärtskommst oder nicht.

Wer nicht immer noch mehr leisten kann, muss ein schlechtes Gewissen haben.
Ohne Arbeit bist du nichts wert.

Ohne Arbeit bist du ein Versager.

Viele glauben das irgendwann. Dabei hat es in den wenigsten Fällen mit ihnen selbst zu tun, wenn sie keine Arbeit finden. Befindet der Markt sie zum Beispiel für zu alt, haben sie kaum eine Chance. Gleichzeitig wird ihnen ständig gepredigt, dass wir alle zu früh in Pension gehen.

Das Grundproblem ist der Egoismus, den das herrschende System produziert. Die wahre Tragödie besteht darin, dass viele diesen Egoismus verinnerlicht haben. Stattdessen müssen wir das Gemeinsame wieder in den Vordergrund stellen. Dazu gehört auch, Arbeit gerecht zu verteilen. Arbeitszeitverkürzung ist deshalb ein wesentliches Element einer Politik, die ich als fortschrittlich bezeichnen würde. Dreißig statt vierzig Stunden die Woche, bei gleichbleibender Bezahlung, das wäre ein wichtiger Schritt in Richtung sozialer Gerechtigkeit.

Wenn wir Arbeit gerecht verteilen, können wir auch Menschen mit Behinderungen besser einbinden. Ich erinnere mich an einen jungen Mann, einen hervorragenden Schüler. Er schloss seine IT-Lehre mit ausgezeichnetem Erfolg ab, war mehrerer Sprachen mächtig und ungewöhnlich empathisch. Er war ganz ohne Zweifel eine Bereicherung für jeden Betrieb. Bis er wegen einer genetischen Vorbelastung sein Augenlicht verlor. Bewirbt er sich heute um eine Stelle, lehnen ihn die meisten Betriebe ab, obwohl er voll arbeitsfähig ist.

Zu einer gerechten Arbeitswelt gehört für mich auch die Gleichberechtigung von Männern und Frauen. Nach wie vor prägen patriarchalische Strukturen unsere Gesellschaft. Die Frauenbewegung hat viel erreicht, das war aber nur durch offensives Auftreten möglich.

Doch der Kampf ist nicht gewonnen. Nach wie vor sind Frauen benachteiligt. Die Mehrfachbelastung von Erziehung, Arbeit im Haushalt und Beruf trifft nach wie vor hauptsächlich sie. Nach wie vor gelten für Frauen andere Standards als für Männer. Ihre Gehälter sind nach wie vor niedriger, vor allem, wenn man sie über das ganze Arbeitsleben betrachtet. Bei Frauen geht es nach wie vor viel mehr darum, wie sie aussehen.

Ich hatte in dem Punkt Glück. Meine Familie sagte mir nie, ich könne etwas nicht machen oder werden, weil ich ein Mädchen sei. Meine Eltern pflanzten mir ein starkes Selbstwertgefühl ein. Das gibt mir Rückhalt. Ich hatte auch mit meinen Arbeitsplätzen Glück. Ich musste nie in Strukturen arbeiten, in denen Frauen minderwertig waren.

In der steirischen *KPÖ* ist das schon lange kein Thema mehr. Es ist selbstverständlich, dass wir unsere Wahllisten nach dem Reißverschlussprinzip erstellen. Ebenso selbstverständlich ist es, dass wir bei unseren Versammlungen Kinderbetreuung anbieten. Wir haben ein eigenes Frauenprogramm, dessen Kernaussagen niemand in Frage stellt.

Deshalb war meine persönliche Einstellung immer schon, dass mir auch als Frau die Welt offensteht. Aber nicht alle Frauen haben so positive Erfahrungen gemacht. Viele hatten es schwerer. Denn es gibt zwar keine echten Verbote mehr für Frauen, es hängt aber vom sozialen Umfeld ab und außerdem haben sich die realen Machtverhältnisse zwischen den Geschlechtern nicht grundlegend geändert.

Die KPÖ *arbeitet mit Frauen in anderen Parteien und Fraueninitiativen weiter daran, Frauen ein selbstbestimmtes und gleichberechtigtes Leben zu ermöglichen. Dazu müssen wir weiter alte Rollenbilder aufbrechen, die ökonomische Ungleichheit beseitigen und gegen Gewalt an Frauen auftreten.*

Bildung

Alle Kinder, egal woher sie kommen und welchen familiären oder sozialen Hintergrund sie haben, müssen die gleichen Chancen vorfinden. Das ist eines unserer zentralen Ziele. Bildung spielt dabei die entscheidende Rolle.

Als ich in den 1970er- und 1980er-Jahren zur Schule ging, war das Bildungsgefälle noch groß und das war ein Problem. Der Zugang zu Bildung und Schulen war keine Selbstverständlichkeit, besonders am Land nicht. Er war sozialen Gruppen vorbehalten, die ihn sich leisten konnten.

Dass sich das änderte, ist auch dem damaligen sozialdemokratischen Bundeskanzler Bruno Kreisky hoch anzurechnen. Es ist nur schade, dass die Gesamtschule noch immer nicht durchgesetzt werden konnte. Sie ist ein Grundstein für eine gerechtere Gesellschaft und ein zentrales Element moderner Bildungspolitik.

Wenn Jugendliche einmal 15 Jahre alt sind, sollen sie selbst entscheiden dürfen, ob sie arbeiten gehen, Lehre mit Matura machen oder einen höheren Bildungsweg einschlagen. Doch bis dahin soll sie niemand und nichts auseinanderdividieren. Denn der Beginn des Erwachsenwerdens prägt einen Menschen für sein ganzes Leben. Ich habe die frühe Selektion als Jugendliche selbst erlebt und schon damals als ungerecht empfunden. Die einen durften ins Gymnasium, die anderen mussten in die Hauptschule und wieder andere in die Sonderschule.

Die Gesamtschule zeigt ihre positiven gesellschaftlichen Wirkungen oft erst später. Das geht nicht von heute auf morgen. Finnland zum Beispiel setzte sie bereits bei einer Schulreform zwischen 1972 und 1977 um. Heute besuchen dort 600.000 der rund 750.000 Schülerinnen und Schüler die Gesamtschule und viele Länder beneiden Finnland um sein Schulsystem.

Die Lebenszufriedenheit an den Schulen ist hoch. Es hat sich die Erkenntnis durchgesetzt, dass alle Schülerinnen und Schüler Fähigkeiten haben. Diese sollen gefördert werden, damit andere von ihnen lernen können, zum Beispiel bei Gruppenarbeiten, bei denen alle einander helfen.

Kritiker der Gesamtschule behaupten, sie mache alle gleich. Das Gegenteil ist der Fall, wie das finnische Beispiel zeigt. »Du bist schlecht in Mathematik, aber gut in Zeichnen? Dann musst du nicht wegen Mathematik das Jahr wiederholen. Denn du bist kein Versager, sondern ein Hoffnungsträger für kreative Berufe von grafischer Gestaltung bis Architektur«, heißt es dann.

Ein vom Kapitalismus geprägtes Bildungssystem will die Kinder früh nach seinem Leistungsprinzip sortieren und effizient gemäß seinem Bedarf qualifizieren. Doch alle Kinder werden nachdenklich, wenn sie spüren, dass sie in »Bessere« und »Schlechtere« geteilt werden. Und selbst jene, die zu den Besseren gehören, ziehen nicht das große Los. »Wenn sie euch zwanzig Jahre lang gepeinigt und verängstigt haben, erwarten sie von euch, eine Laufbahn zu wählen. Wenn ihr nicht richtig funktioniert, seid ihr voll Angst.« Auch das singt John Lennon in *Working Class Hero* und es klingt seltsam aktuell.

Viel zu früh konfrontieren wir heute junge Menschen mit den Problemen der Welt und trimmen sie auf Leistung.

Bescheidene Verhältnisse sollten eigentlich kein Bildungsnachteil mehr sein. Doch wegen des steigenden Drucks an den Schulen wirkt sich Armut wieder besonders stark auf das Bildungsniveau aus. Denn jedes dritte Kind braucht inzwischen Nachhilfe, und die im Durchschnitt dafür nötigen 600 Euro pro Kind und Jahr können sich besonders Familien mit zwei oder mehr Kindern und niedrigem Einkommen nicht leisten. Lehrkräfte sowie Eltern sind überfordert und an öffentlicher Unterstützung mangelt es zunehmend.

Viele Eltern leben deshalb ständig in Angst, ihre Kinder könnten nicht mehr mitkommen. »Wenn du das nicht schaffst, bist du ein Versager«, bekommen sie zu hören. Diesen Kreislauf müssen wir durchbrechen.

Es gibt auch einen Zusammenhang zwischen Leistungsdenken und dem Trend zu Helikopter-Eltern: So effizient wie möglich durchs Bildungssystem und dann ab in den Job. Arme Familien handeln oft gezwungenermaßen so, damit ihre Kinder finanziell zur Familie beitragen können und alle über die Runden kommen. Wohlhabendere Familien wollen damit zeigen, wer sie sind. Beides ist falsch, denn beides stellt die Interessen der Kinder hintan.

Schulen müssen von Orten steigenden Leistungsdrucks zu Orten der Sicherheit werden, an denen Kinder wieder Kinder sein dürfen. Sie brauchen für ihre Entfaltung Vertrauen, Zuneigung und die Freiheit, Dinge selbst entdecken und erleben zu dürfen. Sie müssen sich austoben und Spaß haben können.

Doch Bildung, Schule und Lernen haben immer auch einen sozialen Aspekt, weshalb für uns Friedenserziehung als Unterrichtsgegenstand wichtig ist. Kinder haben von sich aus keine Feinde. Was ihnen die Lehrerinnen und Lehrer zeigen und vorleben, muss dafür sorgen, dass es auch so bleibt. Friedenserziehung gehört deshalb samt den nötigen Aus- und Weiterbildungsmaßnahmen für Lehrende als Schulfach etabliert. Wenn wir unseren Kindern mitgeben, dass niemand unser Feind ist und dass wir alle gemeinsam nur diesen einen Planeten haben, können wir in der Welt vieles verändern.

Umwelt

Die Klimakrise verschärft sich und bringt Jahr für Jahr neue Temperaturrekorde. Sie bedroht den Fortbestand der Menschheit. Auf Basis der bestehenden Gesellschaftsordnung ist die Umwelt immer in Gefahr, da unser Wirtschaftssystem die Ausbeutung der Natur ebenso bedingt wie die Ausbeutung von Menschen. Wer den Beschäftigten mehr bezahlt und mehr in den Umweltschutz investiert, macht weniger Gewinn als die Konkurrenz. Ein Teufelskreis, der in der bestehenden Wirtschaftsordnung schwer zu durchbrechen ist, da Konzerne international agieren und Gesetze nur in einzelnen Staaten gelten, die wiederum im Wettbewerb mit anderen Staaten stehen. Über viele Zusammenhänge wissen wir seit vielen Jahrzehnten Bescheid und doch geschieht sehr wenig, trotz der für jeden sicht- und spürbaren Folgen der Erderwärmung.

Eine der Herausforderungen in der Klimadebatte besteht darin, wie wir sie überhaupt führen. Wir dürfen dabei keine Schuldgefühle in der Bevölkerung verbreiten. Denn die meisten Menschen auf unserem Planeten sind nicht die Hauptverantwortlichen für die Umweltzerstörungen. Schuld am Zustand unserer Umwelt sind vielmehr Konzerne, die sie für ihre Profite weiterhin ausbeuten und zerstören.

Wir müssen selbstverständlich auch auf lokaler Ebene alles dafür tun, mit unserer Umwelt sorgsam umzugehen.

Gegen die Konzerne, die systematischen Raubbau an Umweltressourcen betreiben, können wir am besten auf der nationalen und internationalen Ebene der Politik antreten. Dort müssen wir sie weltweit in die Schranken weisen, denn sie zerstören die Lebensgrundlagen von Milliarden von Menschen.

Das schmälert nicht die Bedeutung der kommunalen Maßnahmen gegen den Klimawandel. Aus unserer Sicht gehören dabei soziale und ökologische Stadtentwicklung zusammen.

Als ich 2017 für das Verkehrsressort verantwortlich war, ging es uns vor allem darum, den öffentlichen Personennahverkehr auszubauen und mehr Angebote für Radfahrerinnen und Radfahrer sowie Fußgängerinnen und Fußgänger zu schaffen. Diese Arbeit setzen wir jetzt gemeinsam mit unseren Koalitionspartnern fort. Wir wollen den öffentlichen Verkehr mit Straßenbahnen und Bussen in der Stadt weiter verbessern und mit einer Angebotsausweitung der S-Bahn über die Stadtgrenzen hinaus die Menschen zum Umsteigen auf den öffentlichen Verkehr bewegen.

Außerdem arbeiten wir an Begrünungsprojekten. Es ist höchste Zeit für solche Aktivitäten, denn in den vergangenen Jahren haben die Bauprojekte in Graz sehr viel Bodenfläche versiegelt. Im Arbeitsprogramm der Koalition haben wir deshalb als Ziel definiert, mehr Grünraum in der Stadt zu sichern und zu bewahren.

Vizebürgermeisterin Judith Schwentner hat in der kurzen Zeit nach der Gemeinderatswahl auch schon vieles erreicht. Neue Radwege, Verkehrsberuhigungen, Baumpflanzungen entlang von Straßenzügen, oder neue Sitzgelegenheiten im öffentlichen Raum. Die Umgestaltung des Griesplatzes hat begonnen, ein besonders verkehrsreicher Platz. Die Regionalbusse bekommen eine andere Haltestelle. Stattdessen kommen mehr Bäume und Sitzgelegenheiten. Die Aufenthaltsqualität für die Wohnbevölkerung steigt. Diese Entwicklung brauchen wir in der ganzen Stadt. Sobald Flächen frei werden, müssen wir sie für die Allgemeinheit sichern, wenn notwendig entsiegeln und begrünen.

Am Plabutsch, einem grünen Höhenzug in Stadtnähe, hat unser Finanzstadtrat Manfred Eber sechs Hektar Wald gekauft, den wir den Grazerinnen und Grazern als wertvolles Naherholungsgebiet zugänglich machen. Auch das Schloss Lustbühel und die Ruine Gösting sind beliebte Naherholungsgebiete in der Stadt, in die wir investieren, um diese naturnahen Oasen zu sichern und zu erhalten.

Für uns ist die Umwelt ein wertvolles Gut, das uns allen gehören soll, unserer Lebensqualität dient und deshalb mit allen Mitteln zu schützen und zu erhalten ist.

Umverteilung

Unser Wirtschaftssystem ist sehr produktiv und effizient. Das ist grundsätzlich gut. Allerdings kommt das erwirtschaftete Vermögen nur zu einem geringen Teil bei jenen an, durch deren Arbeit die Gewinne überhaupt erst möglich sind – bei den arbeitenden Menschen und all jenen, die direkt oder indirekt daran beteiligt sind. Es ist Aufgabe der Politik, dafür zu sorgen, dass genügend Geld für die wichtigen öffentlichen Aufgaben zur Verfügung steht: Gesundheit, Pflege, Bildung, Umweltschutz, Pensionen, Sport, Kultur und alles, was sonst noch zur Daseinsvorsorge gehört. Das ist in einem System, in dem von der lokalen bis zur internationalen Ebene jeder mit jedem in ein Konkurrenzverhältnis gedrängt wird, nicht einfach. Es zeigt die Grenzen auf, die der Kapitalismus allen Bemühungen nach einer gerechten Verteilung von Arbeit und erwirtschaftetem Vermögen setzt.

Die Politik wirkt oft nicht ausgleichend, sondern macht sich zur Gehilfin der großen Banken und Konzerne. Während scheinbar nie genügend Geld für Pflege und Kindergärten da ist, spielt Geld plötzlich keine Rolle mehr, wenn es um die Rettung »systemrelevanter« Banken und Konzerne geht. Das war bei der Krise ab dem Jahr 2007 so, und in Zeiten von Corona wurden erneut gigantische Beträge bereitgestellt. Geld, das vorher gar nicht existiert hat, aber trotzdem von uns allen über mehrere Generationen zurückgezahlt werden muss.

In der Politik hat sich ein System ausgebreitet, in dem einige auf Kosten der Allgemeinheit Netzwerke aufbauen und sich gegenseitig wichtige und gut bezahlte Posten verschaffen. Das zerstört die Glaubwürdigkeit der Politik und gefährdet letztendlich auch die Demokratie. Wenn Politik zum Selbstbedienungsladen wird und wenn mit öffentlichem Geld Eigenwerbung betrieben wird, dann wenden sich immer mehr Menschen vom demokratischen System ab, verlieren das Vertrauen in demokratische Prozesse, nehmen nicht mehr an Wahlen teil oder schenken ihre Stimme politischen Kräften, die in eine gefährliche Richtung führen und alles noch schlimmer machen, obwohl sie das Gegenteil versprechen.

Die *KPÖ* setzt sich daher seit langer Zeit für niedrigere Einkommen in der Politik und für eine Senkung der Parteienförderung ein. In Graz haben wir gemeinsam mit *Grünen* und *SPÖ* die Eigenwerbung von Politikerinnen und Politikern verboten und die Parteienförderung der Klubs im Rathaus gesenkt. Das frei gewordene Geld fließt in den Sozialfonds »Graz hilft«, mit dem Grazerinnen und Grazer in Notlagen unbürokratisch finanziell unterstützt werden.

Für die Mandatarinnen und Mandatare der *KPÖ* gilt, dass wir uns mit unseren Einkommen nicht von der Bevölkerung abheben wollen. Deshalb verzichten wir auf einen großen Teil unserer Bezüge. Diese freiwillige Begrenzung unserer Gehälter wurde 1998 durch Ernest Kaltenegger, meinen Vorgänger als Grazer *KPÖ*-Parteichef, eingeführt. Von meinem Bürgermeistergehalt von rund 8.300,- Euro netto behalte ich mir 2.000,- Euro. Mit der Differenz unterstütze ich Monat für Monat Familien, Pensionisten, Studierende und Selbständige in schwierigen finanziellen Situationen. Seit

2005 konnte ich mit mehr als einer Million Euro vielen Grazerinnen und Grazern helfen. Alle *KPÖ*-Politikerinnen und -Politiker halten sich an diese Regel, auch meine Kollegen Gesundheitsstadtrat Robert Krotzer, Finanzstadtrat Manfred Eber und die Klubobfrau im Landtag Steiermark, Claudia Klimt-Weithaler. Insgesamt sind in der Steiermark seit 1998 mehr als 2,9 Millionen Euro an Unterstützungen für in Not geratene Menschen zusammengekommen.

Die KPÖ *wird weiter dafür eintreten, dass diejenigen mit besonders hohem Einkommen und besonders viel Vermögen auch mehr Steuern und Abgaben bezahlen.*

Wie wichtig das ist, zeigt die wachsende Kluft zwischen Armen und Reichen. Laut dem *Household Finance and Consumption Survey (HFCS)*, einer Untersuchung der *Europäischen Zentralbank* zur Einkommensverteilung und zu den Vermögensverhältnissen in den Eurostaaten aus dem Jahr 2021, besitzen in Österreich zehn Prozent der Haushalte bereits 56 Prozent des Vermögens – und die reichsten ein Prozent der Bevölkerung besitzen vierzig Prozent des Nettovermögens, wie die Arbeiterkammer nachweist. Durch Fleiß und Arbeit kann niemand in diesen Kreis der Superreichen vorstoßen. Im Gegenteil: Während die

Generation unserer Eltern und Großeltern noch mit einem durchschnittlichen Arbeitseinkommen einen gewissen Wohlstand schaffen konnte, gibt es heute sehr viele, die fünfzig und mehr Stunden die Woche arbeiten, nur um wenigstens ihre Grundbedürfnisse bezahlen zu können – von Wohnungseigentum oder Hausbau, wie es früher Teil der Lebensplanung war, ist da noch lange keine Rede.

Dieses Ungleichgewicht nimmt weiter zu und das Beispiel USA zeigt, wohin das führt. Weltweit wuchs allein während der Pandemie das Vermögen der Milliardärinnen und Milliardäre um sechzig Prozent. Gleichzeitig wuchs auch die Zahl der arbeitenden Frauen und Männer, die von ihrem Einkommen nicht mehr leben können.

Wir wünschen uns deshalb über Vermögens- und Gewinnsteuern eine Umverteilung von den Reichen hin zur Mittelschicht und zu den kleinen Einkommen. Die EU, so wie sie derzeit konstruiert ist, dient diesem Ziel in keiner Weise, sondern vertieft das Ungleichgewicht in der Gesellschaft.

In ihrer jetzigen Konzeption ist die EU Teil des Systems, das die Reichen bedient. Wir wünschen uns aber ein Europa, das nicht im Interesse der Konzerne, sondern der arbeitenden Menschen funktioniert. Das könnte vieles verändern.

Auch die Globalisierung nützt den großen Konzernen mehr als der großen Mehrheit der Bevölkerung. Warum eigentlich müssen wir, wenn wir in Graz neue Straßenbahnen kaufen, den Auftrag europaweit ausschreiben? Haben wir nicht auch ein legitimes Interesse daran, sie dort zu kaufen, wo Grazerinnen und Grazer Arbeit finden oder mit dem Bau der Straßenbahn eine andere Form der Wertschöpfung für die Region stattfindet? Dabei ist diese internationale Ausschreibungspflicht bei einer Straßenbahn noch halbwegs nachvollziehbar. Bei einem Spital ist sie es endgültig nicht mehr.

Portugal, Polen, Frankreich, Griechenland – überall gibt es wunderbare Produkte und hervorragende Dienstleistungen. Diese Vielfalt ist einer der Vorzüge der Europäischen Union und sie allen zugänglich zu machen, ist ein Fortschritt. Dennoch muss ein Staat oder eine Stadt die Dinge so handhaben können, dass eine Regionalentwicklung im Sinne des Wohls der Menschen vor Ort möglich ist. Vor- und Nachteile müssen immer gegeneinander abgewogen werden, der internationale Wettbewerb darf nicht über allen anderen Kriterien stehen – lokale Wertschöpfung, Vermeidung langer Transportwege und damit auch unnötiger Umweltbelastung, Schutz der Beschäftigten und damit auch des

Sozialsystems sind ebenso wichtige Interessen, die zu berücksichtigen sind, wenn größere Anschaffungen und Projekte geplant werden.

Demokratie

Die Menschen haben ein feines Sensorium und merken, ob jemand für sie da ist oder nicht. Daraus erklärt sich auch die Krise, in der sich die Demokratie insgesamt befindet. Viele reden über deren Ursachen, dabei reicht ein Blick auf die vergangenen zwanzig Jahre, um sie zu verstehen. Zu den gebrochenen Versprechen der regierenden Parteien kamen staatsnahe Betriebe als Selbstbedienungsladen, immer neue Korruptionsfälle und Skandale hinzu, und ständig hatte jemand seine Hand in der Staatskasse. Was über das Verhalten vieler Politiker bekannt wurde, bestätigt die Vermutung, dass es in diesen Kreisen oft nur um Macht und Geld geht.

Auch als Bürgermeisterin kann ich die Politikverdrossenheit vieler Menschen nachvollziehen. Ich weiß oft selbst nicht mehr ganz genau, welche Ministerin und welcher Minister gerade welches Ressort innehat, so schnell wechseln die Spitzenpositionen der Republik.

Wenn wir Politikerinnen und Politiker wieder ein Wir-Gefühl in der Gesellschaft erzeugen wollen, müssen wir zeigen, dass es uns nicht nur um unser eigenes Vorwärtskommen geht. Wir müssen wieder eine Vorbildwirkung haben, offen aufeinander zugehen und letztendlich den Menschen zu ihren Rechten verhelfen.

Wir zeigen, dass wir uns auch in Regierungsfunktionen nicht vom Durchschnitt der Bevölkerung abheben. Zum Beispiel war es in Graz immer üblich, dass regierende Stadtpolitikerinnen und -politiker mit ihren Autos in den Innenhof des Rathauses fuhren. Das haben wir jetzt gemeinsam mit unseren Koalitionspartnern geändert. Die meisten von uns kommen mit dem Rad, den öffentlichen Verkehrsmitteln oder zu Fuß. Wer ein Auto braucht, stellt es genauso wie andere in die Tiefgarage.

Unser Demokratieverständnis drückt sich auch in der Besetzung der Aufsichtsräte und Gesellschaften stadteigener Betriebe aus.

Bisher wurden, wie zuletzt in der schwarz-blauen Rathauskoalition, diese ausschließlich mit Vertretern dieser Parteien besetzt. Das kam für uns nicht infrage. Wir schauen darauf, dass alle Parteien, die es in den Gemeinderat geschafft haben, auch mit Sitz und Stimme dort vertreten sind. Denn unserem Verständnis nach stehen hinter allen im Gemeinderat vertretenen Parteien Wählerinnen und Wähler, die sich mit ihren Interessen auch auf dieser Ebene wiederfinden müssen.

Sozialdemokratie und Kommunismus

Oft hören wir: »Eigentlich macht ihr das, was die Sozialdemokratie machen sollte.«

Diese Aussage hat viel für sich. Die *KPÖ* ist nämlich aus der Sozialdemokratie heraus entstanden. Unsere Bewegung hat sich aus dem Protest gegen die Unterstützung der Kriegspolitik durch die Sozialdemokratie im Ersten Weltkrieg entwickelt. Das war der Hauptgrund für die Gründung der *KPÖ* im Jahre 1918.

Wir vertreten auch heute noch die Ziele, die die Sozialdemokratie in ihrem Programm schon lange aufgegeben hat. Sie ist, wie man auch in Österreich sieht, sehr eng mit dem bestehenden System verbunden und hat letztendlich vergessen, wo ihre politische Heimat sein sollte. Eine starke *KPÖ* kann deshalb positiv auf die *SPÖ* einwirken. Das schließt viele Formen der Zusammenarbeit auch nicht aus. Das beweisen wir gerade derzeit in Graz.

Ich empfinde keine Häme, wenn die Sozialdemokratie Wahlen verliert. Menschen, die arbeiten, brauchen eine politische Heimat, auch im österreichischen Parlament. Ich hoffe, dass auch die KPÖ *auf dieser Ebene einmal vertreten sein wird.*

Die *SPÖ* hat auf unterschiedlichen Ebenen in den vergangenen Jahrzehnten teilweise überheblich agiert und war von ihrem langjährigen Koalitionspartner, der *ÖVP*, kaum noch zu unterscheiden. Schritt für Schritt hat sie zu viele Abstriche von ihren früheren Überzeugungen gemacht. Es geht nicht darum, in einer Koalition das ganze eigene Wunschprogramm umzusetzen, das tun auch wir in unserer Grazer Koalition nicht. Aber es gibt ein paar Säulen, die im Interesse der arbeitenden Menschen unumstößlich sind.

Die *SPÖ* hat zum Beispiel beim Thema Arbeitsmarktpolitik zu wenig gekämpft. Wenn auch sie nur noch über Europa und noch einmal über Europa redet und sich nicht mehr darum kümmert, wie es vor Ort den Leuten geht, fühlen sich viele dort nicht mehr aufgehoben. Dazu kamen viele Versprechen, die sie nicht hielt.

Es kommt letztendlich immer darauf an, dass Wort und Tat übereinstimmen. Gleichzeitig wird man selbst nicht besser, wenn man nur schlecht über andere redet. Wir haben bisher immer versucht, uns an dieses Prinzip zu halten.

Der eine Satz, der den Kommunismus erklärt

Diesen einen Satz, der den Kommunismus erklärt, gibt es wohl nicht und das ist gut so, weil er eine Verkürzung wäre. Kommunismus und die Art, wie wir das Leben für alle in einer gerechten Welt mit einer intakten Natur wieder lebenswert gestalten wollen, beinhaltet so vieles. Alles gerade Besprochene und noch viel mehr. Ich kann aber versuchen, den Kern unserer Weltanschauung in drei Sätzen aus meiner Sicht zu beschreiben.

Erstens. Jeder Mensch, egal woher er kommt, soll die gleichen Rechte haben und in Frieden und in einer intakten Umwelt leben können.

Zweitens. Die Arbeit und die dadurch geschaffenen Werte sollen gerecht unter allen Menschen verteilt werden. Das, was jeder Mensch braucht, wie zum Beispiel Gesundheitsvorsorge, Bildung und Kultur, Wohnen, Energieversorgung, muss in öffentlicher Hand sein.

Drittens. Jeder Mensch soll mit Arbeit seine Bedürfnisse finanzieren können und finanzielle Mittel für sich selbst, seine Familie und Freunde sowie für Kultur und Freizeit haben.

John Lennons *Imagine* beschreibt das, was ich mir unter Kommunismus vorstelle, auf sehr gut verständliche Weise.«

IMAGINE

Kommunisten wollen in Schlüsselbereichen die Wirtschaft steuern und finden das zeitgemäß. Bedeutet das aber nicht in Wirklichkeit eine Rückkehr zur schwer gescheiterten verstaatlichten Industrie? Wozu soll das gut sein? Was wird dann überhaupt aus Privateigentum? Und wer soll die Welt noch retten, wenn nicht die freie Marktwirtschaft mit den Innovationen, zu denen sie fähig ist?

»Es gibt Grundbedürfnisse, deren Erfüllung wir nicht den Kräften des freien Marktes überlassen dürfen. Manches kann der Markt regeln, aber ein Dach über dem Kopf, Wasserversorgung, Heizung, Gesundheit oder etwa Bildung bereitzustellen sind gesellschaftliche Aufgaben, die Staaten und Städte auf demokratische Weise zu erfüllen haben. Wir treten deshalb dafür ein, dass diese Bereiche nicht von Profitinteressen, also dem freien Markt, gesteuert werden, sondern unter demokratischer Kontrolle stehen, also im öffentlichen Eigentum. Das ist heute auch deshalb bedeutend, da wichtige Rohstoffe immer seltener werden und deren Ausbeutung nicht den chaotisch agierenden Märkten überlassen werden darf, sondern dort, wo unabdingbar, kontrolliert erfolgen muss – oder eben nicht, wenn der Schaden größer ist als der Nutzen. Diese unter anderem für das Klima wichtigen Entscheidungen dürfen nicht der reinen Profitlogik folgen. Die kapitalistische Wirtschaftsweise ist imstande, große Kreativität freizusetzen, sie führt durch die allgegenwärtige globale Konkurrenz aber auch dazu, dass Einkommen und Umweltschutz überall dort, wo es keine staatlichen Eingriffe gibt, auf ein möglichst geringes Niveau gedrückt werden.

Fehler der Vergangenheit in der Verstaatlichten Industrie dürfen nicht über den guten Grundgedanken hinwegtäuschen, der heute immer wichtiger wird. Und wenn die Politik nirgends mehr wirklichen Einfluss hat, weil alles in privaten Händen liegt, welche Berechtigung haben dann demokratische Instrumente und freie Wahlen überhaupt noch? Dass immer mehr Menschen das Gefühl haben, ohnehin nichts ändern zu können, ist einer der Gründe für das Absinken der Wahlbeteiligung und den Vertrauensverlust der Demokratie. Das ist alles andere als eine gute Perspektive.

Besitzen wir als Gemeinschaft nichts mehr, das wir steuern können, führt uns das in die Abhängigkeit von den Finanzmärkten.

Wir sind dann angewiesen auf die Freiwilligkeit von Banken oder Lebensmittel- und Energiekonzernen. Ob sie einen Beitrag für die Gemeinschaft leisten wollen oder nicht, bleibt ihnen überlassen. Wir haben darauf keinen Einfluss mehr.

Ein Beispiel dafür lieferte die im Juli 2022 wegen des Wirtschaftskrieges zwischen der EU und Russland drohende Energieknappheit. Als es dem ursprünglich staatlichen und ab 1987 schrittweise privatisierten österreichischen Erdöl-, Erdgas- und Chemiekonzern *OMV* gelang, Gas aus alternativen, nicht-russischen Quellen zu beschaffen, freute sich die österreichische Bundesregierung. Doch der Chef der *OMV* stellte klar, dass dieses Gas nicht automatisch an Österreich gehen werde. »Wem wir es verkaufen und zu welchem Preis, regeln Angebot und Nachfrage«, sagte er.

Nur wenn die *OMV* nach wie vor staatlich gewesen wäre, wie es große Energieversorger in anderen Ländern sehr wohl sind, wäre das zusätzliche Gas automatisch der österreichischen Bevölkerung zu einem leistbaren Preis zur Verfügung gestanden. Doch die *OMV* ist nicht mehr ihnen verpflichtet, sondern ihren Eigentümerinnen und Eigentümern und deren maximalem Profit.

Die *KPÖ* möchte die Einflussmöglichkeiten der öffentlichen Hand auf die Wirtschaft deshalb wieder stärken. Die Geschichte zeigt, wie gut das zum Beispiel im Wohnbau funktionieren kann.

In Wien, wo die *SPÖ* der Ersten Republik zwischen 1918 und 1934 im Rahmen eines Projektes zur Verbesserung der Lebensumstände von Arbeiterinnen und Arbeitern zum ersten Mal im großen Stil Wohnraum baute, leben heute rund 500.000 Menschen in 220.000 Gemeindewohnungen. Die erfreulichen Folgen zeigt der Mietpreisvergleich zwischen Wien und vielen deutschen Großstädten.

Obwohl leider auch in Wien die Mietpreise steigen, ist das Wohnen hier noch deutlich günstiger als zum Beispiel in München. Auch in Graz wirkt die Existenz von tausenden städtischen Gemeindewohnungen preisdämpfend auf die Mieten im privaten Bereich.

Ist der Wohnbau ausschließlich privat finanziert, dreht sich die Spirale von Krediten und Zinsen, die am Ende immer die Bewohner zahlen. Gehören die Wohnungen dem Staat oder der Stadt, hat es die Politik in der Hand, bezahlbaren und dauerhaften Wohnraum anzubieten.

Die öffentlichen Einrichtungen aufwerten

Die öffentliche Hand kann und soll viele Aufgaben und Dienstleistungen übernehmen. Gerade im Hinblick auf Versorgungssicherheit, Preisgestaltung und Autarkie im Energiebereich setzen wir in Graz gerade Schritte für eine energetische Reststoffverwertungsanlage, die wir auch selbst betreiben möchten. Damit können wir uns bei der Erzeugung von Fernwärme aus der Abhängigkeit von fremden Anbietern zu einem gewissen Teil lösen. Und wir müssen nicht mehr tausende LKW-Ladungen pro Jahr durch das Land und auch ins benachbarte Ausland fahren, was eine sinnlose Ressourcenverschwendung und Umweltbelastung ist.

Im Bereich der Daseinsvorsorge leisten unsere tausenden Mitarbeiterinnen und Mitarbeiter bei der Müllabfuhr, in der Straßenreinigung, beim Kanal- und Abwasserbereich, in unseren Werkstätten und in der Gärtnerei ausgezeichnete Arbeit für die Allgemeinheit. Es ist dort großes Fachwissen beheimatet und ich würde mir wünschen, dass wir diese unseren städtischen Werkstätten für viele private Kunden anbieten könnten. So weit sind wir noch nicht in allen Bereichen.

Blumen für die eigenen Parks in der eigenen Gärtnerei zu bestellen, das ist sicher sinnvoll. Wieso sollten wir dann nicht auch eine Küche für Menschen mit geringem Einkommen in der eigenen städtischen Tischlerei bestellen, wie es zum Beispiel der Verein *ERfA* derzeit in Graz macht? In den vergangenen Jahren sind die städtischen Betriebe trotzdem geschrumpft. Sogar ihre vollständige Auflösung stand zur Diskussion. Eine Entwicklung, der wir entgegenwirken wollen.

Ideen dafür gibt es viele. Wir als *KPÖ* haben vor längerer Zeit einmal darüber nachgedacht, einen Lieferwagen samt Grundausstattung an Werkzeug für die häufigsten Gebrechen in Haushalten anzuschaffen, um einkommensschwachen Leuten kleine Reparaturen anzubieten.

Nutzerinnen und Nutzer mit bescheidenem Einkommen würden in so einem Modell dann nur die Materialkosten bezahlen, die ja meist den kleineren Teil der Rechnung ausmachen. Am teuersten sind bei Reparaturen immer die Arbeitszeit und die Anfahrtskosten.

Den vielen Menschen, die handwerklich weniger geschickt sind oder zu alt, um eine Leiter hinaufzuklettern und dort mit einer Bohrmaschine zu arbeiten, und die sich mit ihrer Mindestpension normale Installateurtarife nicht leisten können, wäre geholfen. Für Haushalte mit gutem Einkommen hätte das Projekt ganz normale Marktpreise.

Preisobergrenzen

Begrenzungen für Preise zur Abfederung von extremer Teuerung sind ein legitimes Mittel, um eine außer Kontrolle geratene »freie Marktwirtschaft« zu zügeln. Nicht ohne Grund räumt das österreichische Recht der Politik diese Möglichkeit ein, wenn die Märkte für eine breite Mehrheit nicht mehr funktionieren. Bei den Energiepreisen haben wir eine solche Entgleisung des Marktes miterlebt.

In Graz haben wir während der ersten Teuerungswellen des Jahres 2021 einige Maßnahmen getroffen. Wir haben die Kanal- und die Müllgebühren nicht erhöht, ebenso wenig wie die Mieten in den Gemeindewohnungen. Es ist aber auch klar, dass die Städte und Gemeinden ihre Gebühren nicht dauerhaft einfrieren können, da sie ja selbst ebenso mit der Teuerung konfrontiert sind wie alle privaten Haushalte. Diese Maßnahmen sind aber trotzdem sinnvoll, da künftige Erhöhungen dann von einem niedrigeren Niveau ausgehen und die Preise dauerhaft niedriger bleiben als bei einer automatischen jährlichen Gebührenerhöhung.

Gleichzeitig haben wir in der Stadt Graz allein im Jahr 2022 240 neue Gemeindewohnungen errichtet. Der Ausbau wird in den kommenden Jahren fortgesetzt. Darüber hinaus erhielten Menschen mit geringem Haushaltseinkommen, die in Graz Anspruch auf die sogenannte *SozialCard* haben, wie schon im Jahr davor einen höheren Zuschuss zu den Energiekosten. 2023 soll die *SozialCard* auf Berufstätige mit kleinen Löhnen und Gehältern ausgeweitet werden.

Doch die Städte und Gemeinden können das Problem der Teuerung nicht lösen, höchstens entschärfen. Der Staat muss lenkend eingreifen. Hier haben wir uns schon immer für Preisobergrenzen eingesetzt, die sich in Krisensituationen bewährt haben. Als einfach umsetzbares politisches Mittel, um Druck von den Menschen zu nehmen, müssen diese auf andere Güter und Dienstleistungen des täglichen Bedarfs ausgeweitet werden. Besonders wichtig wäre eine Preisobergrenze für Mieten. Denn dass sich die Wohnkosten, in Österreich schon seit Jahrzehnten der größte Preistreiber, ganz von alleine wieder auf ein sozial verträgliches Niveau bewegen, ist wenig wahrscheinlich. Ist es besser, tatenlos zuzusehen, wie Menschen massenhaft in Not geraten?

Bei der Energie gibt es inzwischen zum Glück einen breiten Konsens für Preisobergrenzen. Dass viele Menschen fürchten müssen, sich ihre Heizung oder die Fahrt zu ihrem Arbeitsplatz nicht mehr leisten zu können, während Energiekonzerne Rekordgewinne an ihre Aktionäre ausschütten, geht einfach nicht. Das leuchtet inzwischen Politikerinnen und Politikern vieler Parteien ein.

Die Mieten, Betriebs- und Energiekosten sind stark gestiegen. In Beratungsgesprächen sehe ich seit langem die Folgen. Viele müssen heute fast zwei Drittel ihres Nettoeinkommens für die Wohnkosten ausgeben.

Das Argument der Hauseigentümer, sie könnten bei einer Mietobergrenze nicht mehr investieren, stimmt meist nicht. Die Stadt Graz ist selbst Hauseigentümerin und in unseren Wohnungen der Kategorie A kostet die Nettomiete deutlich weniger als am privaten Sektor, ohne dass es die Stadt ruinieren würde. Würden die Mieten am freien Markt mit sieben Euro begrenzt, was noch immer hoch ist, bliebe noch viel Spielraum für die Eigentümer und dennoch wäre den Mieterinnen und Mietern geholfen. Aus den gleichen Gründen ist auch das Argument falsch, bei Miet-Obergrenzen würde niemand mehr Wohnhäuser bauen und am Ende würde Wohnraum fehlen.

Bei den Mieten sind Obergrenzen auch deshalb besonders wichtig, weil sie in Zukunft das Leben und Auskommen der Mittelschicht stärker bestimmen werden als zuletzt. In der Vergangenheit machte der Gedanke, nicht ewig zur Miete zu wohnen, sondern besser einen Kredit abzubezahlen, oft Sinn. Mein Vater konnte in den 1960er-Jahren als Schlosser noch ein Haus für seine Familie finanzieren. Lange war die Finanzierung eines Eigenheims zumindest für Familien mit zwei Einkommen noch möglich. Heute geht sich auch das kaum noch aus, selbst wenn es die Einkommen von Akademikern sind. Zwei Arbeitsleben reichen manchmal nicht mehr, um eine Immobilie abzubezahlen, und auch immer weniger haben eine durchgehende Erwerbsbiografie.

Deshalb ist es wichtig, staatliche Mittel viel mehr in die Objekte zu investieren und weniger in die Einzelförderung. Denn dadurch werden die Menschen zu Bittstellern gemacht.

Wenn der Wohnbau nur mit Bankkrediten finanziert wird und die Zinsen steigen, wird das Wohnen noch teurer. Die Niedrigzins-Zeiten sind vorbei.

Alles, was es für Preisobergrenzen bei Mieten oder auch bei Grundnahrungsmitteln braucht, ist der politische Wille.

Der Staat als Retter

Die Rufe nach einer starken öffentlichen Hand, die in der Wirtschaft steuernd eingreift, waren in den vergangenen Jahrzehnten immer nur während der schlechten Zeiten zu hören.

Etwa während der Wirtschaftskrise der Jahre 2008 und 2009, als es um die Rettung der Banken ging, während der Coronakrise, als die Unternehmen

Staatshilfen brauchten, oder im Sommer 2022, als sie staatlichen Schutz vor drohenden Produktionsausfällen wegen Gasmangels forderten. In den guten Phasen hingegen ging es immer nur um das Zurückdrängen des öffentlichen Einflusses, um Ausgliederungen, Privatisierungen und Deregulierungen und die Lockerung von Schutzbestimmungen für die arbeitenden Menschen.

So funktioniert das aber nicht. Denn auf diese Weise wurden die Gewinne der guten Jahre den Reichen überlassen. Die Verluste der schlechten Jahre hingegen wurden von den arbeitenden Frauen und Männern ausgeglichen. Dafür wurden gigantische Schuldenberge angehäuft, die die öffentlichen Haushalte noch auf Jahrzehnte belasten – Geld, das in der Pflege, in den Schulen und Universitäten, im Gesundheitssystem und in vielen anderen Bereichen fehlt, wo es im Interesse der Allgemeinheit dringend benötigt wird.

Der Kapitalismus privatisiert die Gewinne und sozialisiert die Verluste. Das macht die Reichen auf Kosten der großen Mehrheit noch reicher.

In Zeiten der Not lehnen sich die wirklich Reichen dann zurück, während die öffentliche Hand für jene, die sich ihr Leben kaum noch leisten können, nur ein paar Spartipps übrig hat. Kürzer duschen, empfiehlt dann die Bundesregierung.

Tendenz zur Härte

Das alles soll nicht heißen, dass an der Marktwirtschaft grundsätzlich alles schlecht ist. Sie kann Innovationen hervorbringen. Sie kann für Wohlstand und Fortschritt sorgen. In der Nachkriegszeit hat sie noch funktioniert und mitgeholfen, das Wirtschaftswunder und Wohlstand für viele zu ermöglichen, die vorher nicht viel hatten.

Das wissen auch wir Kommunistinnen und Kommunisten und dem entspricht auch unser Parteiprogramm. Die Vorstellung, dass wir alles kollektivieren und die gesamte Wirtschaft verstaatlichen wollen, ist nicht richtig.

Doch weil die freie Marktwirtschaft in den vergangenen Jahren niemand mehr gezügelt und in die richtigen Bahnen gelenkt hat, stehen jetzt ihren wenigen Gewinnern viel zu viele Verlierer gegenüber.

Die Härte, die der Kapitalismus in den vergangenen Jahrzehnten entwickelt hat, ist erschreckend und die Ursache vieler Missstände, die uns

Sorgen bereiten und unser Leben erschweren. Das zeigte sich etwa während der Corona-Krise, die in Österreich und auf der ganzen Welt weiteres großes Leid verursachte. Während die Lieferketten zusammenbrachen und es wegen der wachsenden Angst vor fehlenden Gütern zu Hamsterkäufen kam, erkannten wir unsere Abhängigkeit von den internationalen Märkten. Von Märkten, die sich längst verselbständigt haben und die niemand mehr versteht.

Freier Markt, Wettbewerb, Privatisierung und minimale staatliche Eingriffe: Was gut klingt, hat in seiner ungezügelten Version zu einer unheimlichen Konzentration von Macht und Geld geführt, die sich nur mehr schwer rückgängig machen lässt. Sie ist die Ursache für viele Krisen, die wir heute erleben, oft auch für Kriege.

Die Produktivität und die Gewinne der Konzerne steigen, wir erwirtschaften gemeinsam mehr denn je. Doch seit den 1990er-Jahren halten die Reallöhne nicht mehr mit. Die einst starke Mittelschicht bricht weg. Leistungen wie Arbeitslosengeld und Sozialhilfen sind so niedrig, dass sie in die Armutsfalle führen, und die mangelhaften Bildungsangebote tragen dazu bei, dass viele dort hängen bleiben und den Anschluss nicht mehr finden.

Die Politik hat darauf nie adäquat reagiert. Deshalb stimmt in der Steuerpolitik die Verhältnismäßigkeit nicht mehr. So etwa hat sich die Vermögensteuer nie an die Entwicklungen angepasst. Sie müsste längst höher sein. Denn der Staat braucht diese Mittel, um wieder in die Menschen investieren zu können, in Bildung und Wohnraum zum Beispiel. Woher soll er das Geld sonst nehmen? Die Masse der Bevölkerung kann nicht noch stärker zur Kasse gebeten werden, das ist die Realität. Sie zahlt schon jetzt im Vergleich zu den Reichen viel zu viel in das System ein. Der Großteil des Steueraufkommens stammt aus der Besteuerung von Löhnen und Gehältern, nicht aus Erbschaften, Vermögen und Gewinnen.

Das Beispiel USA

Nirgends in der so genannten westlichen Welt dominieren die Märkte und deren Ansprüche so sehr das Leben der Menschen wie in den USA. Sie sind zu einem Beispiel dafür geworden, wohin sich das kapitalistische System der ungezügelten freien Marktwirtschaft entwickelt. Die USA haben großartige Ideen hervorgebracht, die zu Fortschritt und Wohlstand beigetragen haben. Die Machtkonzentration und das Regelwerk, das diese ermöglicht, sind so dominant geworden, dass sich progressive Kräfte nur noch schwer durchsetzen können. Ein paar Konzerne dominieren alles.

Von den Superreichen der Welt sind die meisten Amerikanerinnen oder Amerikaner. Gleichzeitig sind laut einer Schätzung der *Vereinten Nationen* in den USA 3,5 Millionen Menschen obdachlos, also mehr als einer von hundert. Die USA sind mit ihrer neoliberalen Orientierung nicht allein. Auch China folgt einem ähnlichen Prinzip und auch in Europa können Konzerne und Industrien im Großen und Ganzen ungehindert ihre Interessen durchsetzen und ihren Einfluss geltend machen. Deutschland und Frankreich sind, wie auch andere EU-Staaten, neoliberal ausgerichtet.

Das Problem besteht darin, dass es derzeit auf der Welt kein alternatives System zum Kapitalismus gibt, das stark genug ist, diesen abzulösen oder zumindest ein Gegengewicht zu schaffen.

Der fehlende Gegenpol

Ein System, das den Konzernen und Industrien statt den Menschen dient, hat sich durchgesetzt.

Mit dem Ostblock gab es zumindest so eine Systemalternative. In diesen Staaten wurde vieles falsch gemacht, aber es gab eine Balance. Es gab einen Gegenpol, dessen bloße Existenz trotz all seiner negativen Entwicklungen auch der westlichen Politik Zugeständnisse an die Arbeiterschaft abverlangte. Als Anfang der 1990er-Jahre dieser Gegenpol wegbrach, konnte sich der Kapitalismus ungehindert ausbreiten. Je geringer die staatlichen Einflussmöglichkeiten wurden, je lauter der Ruf nach weniger Staat und mehr privat, desto größer wurde das Dilemma.

Auch Österreich war Teil davon. Die öffentliche Hand verkaufte im großen Stil Bundes- und Gemeindewohnungen, Grund und Boden sowie Staats- und Gemeindebetriebe. Heute würden sie das vielleicht nicht mehr tun. Jetzt fehlt das Geld, um diese wertvollen Güter zurückzukaufen.

Als der damalige österreichische Bundeskanzler Wolfgang Schüssel und der damalige Finanzminister Karl-Heinz Grasser im Jahr 2002 die staatliche *BUWOG (Bauen und Wohnen Gesellschaft mit beschränkter Haftung)* verkauften, waren mit einem Schlag 60.000 Bundeswohnungen weg. Die hatten zuvor bezahlbaren Wohnraum in den schönsten Gegenden geboten. Jetzt hat sie der freie Markt erfasst und wenn in einer dieser Wohnungen etwas kaputt ist, müssen die Mieter bei einer Hausverwaltung in Deutschland anrufen.

Oft dienten aktuelle Krisen, wirtschaftliche Sachzwänge oder budgetäre Herausforderungen als Grund für die Privatisierungen, doch diese Argumente waren immer nur vorgeschoben. Weil sich die Politik längst den Gesetzen des Kapitalismus unterworfen hat, stecken jetzt etwa in der Obersteiermark und teilweise auch in der Weststeiermark ganze Regionen in einem wirtschaftlichen Dilemma. Menschen finden dort schwer Arbeit. Wo früher Betriebe florierten, dominieren heute Landflucht, geschlossene Geschäfte und die Ausdünnung der Infrastruktur im Bereich der Spitäler, Schulen, Kindergärten, Postämter und des öffentlichen Verkehrs.

Eine starke öffentliche Hand könnte da mit einer intelligenten Verteilungspolitik für Infrastruktur noch einiges in Ordnung bringen. Stattdessen konzentrieren sich alle Lasten auf die großen Städte. Auch die Stadt Graz stellt schon jetzt einen großen Teil der Infrastruktur für ihre Umlandgemeinden bereit und kommt aufgrund der damit verbundenen Kosten kaum hinterher.

Eine Utopie

»Stell dir vor, es gäbe keinen Besitz mehr, ich frage mich, ob du das kannst. Keinen Grund für Gier oder Hunger, eine Menschheit in Brüderlichkeit«, schrieb John Lennon in seinem Song *Imagine*. Die Vorstellung von der gänzlichen Abschaffung des Besitzes mag tatsächlich naiv sein und wie gesagt auch für uns nicht erstrebenswert, wenn es um privaten Besitz geht und nicht um große Infrastruktur- und Wirtschaftsbetriebe. Doch es sollte uns zu denken geben, dass Menschen diesen Song auch mehr als fünfzig Jahre nach seiner Veröffentlichung noch gern hören. Vor allem dann, wenn sie auf der Suche nach Hoffnung sind.«

GIVE PEACE A CHANCE

Was genau ist eine Friedensbewegung eigentlich? Und wenn Wladimir Putin einfach so die Ukraine angreifen kann, bieten dann wirklich Love & Peace die richtigen Antworten? Sind Friedensbewegungen nicht einfach 1970er-Jahre-Nostalgie, überholt von den politischen Herausforderungen einer globalisierten Welt?

»Der von Karl Marx und Friedrich Engels im 19. Jahrhundert begründete Marxismus, der unserer kommunistischen Utopie zugrunde liegt und der meine eigene Weltanschauung am besten umreißt, strebt statt der Klassengesellschaft eine klassenlose Gesellschaft an, in der alle Menschen etwa gleich wohlhabend sind. Gleichzeitig macht er verständlich, warum die Welt so ist, wie sie ist. Warum es ein Oben und ein Unten gibt, warum es so viel Reichtum auf der einen und so viel Armut und Elend auf der anderen Seite gibt.

All das hat immer mit Menschen zu tun, die ihre wirtschaftliche Macht und ihren politischen Einfluss nutzen, um die Gesellschaft zu spalten. Sie verfolgen damit ihre Interessen, bei denen es um noch mehr wirtschaftliche Macht, um noch mehr Ressourcen, um noch mehr Land und Bodenschätze, um noch mehr Profite und um noch mehr politischen Einfluss für sie geht.

Kriege entstehen nur auf diese Weise. Alle anderen scheinbaren Ursachen für Kriege sind immer nur Vehikel, um eine Gruppe von Menschen gegen eine andere aufzuhetzen. Manchmal ist dieses Vehikel die Religion und manchmal, wie im Krieg Russlands gegen die Ukraine, werden historische Argumente vorgeschoben.

Von sich aus würden Menschen nie aufeinander losgehen. Warum sollten sie auch? Hinter jedem Krieg steht die Gier einiger weniger und Politiker sind dabei oft der verlängerte Arm von Konzernen und Interessensgruppen. Dass es um die Interessen der Bevölkerung geht, ist meist nur ein Trugbild.

John Lennon sagte in einem Interview über seinen Song *Working Class Hero* nicht grundlos, es gehe darin im Grunde um das Gleiche wie in dem Song *Give Peace a Chance*. Denn eine Gesellschaft, in der alle Macht von den arbeitenden Frauen und Männern ausgeht, hat kein Interesse an Kriegen. Echte kommunistische Politik ist immer auch Friedenspolitik.

Obwohl wir hier in Graz aus Überzeugung Stadtpolitik machen, blicken wir deshalb immer auch über unsere Grenzen hinaus. Uns ist bewusst, dass wir noch immer in einem im weltweiten Vergleich wohlhabenden Land leben und noch immer in einer vergleichsweise privilegierten Situation sind. Wir vergessen nicht, wie es anderen Menschen in anderen Teilen der Welt geht. Das internationale soziale Gefälle gehört im Sinne eines friedlichen globalen Miteinanders verringert. Denn der große Unterschied zwischen den Einkommen und den Lebensperspektiven führt auch dazu, dass sich

Menschen gegeneinander ausspielen, sogar gegeneinander aufhetzen lassen. Man kann aber keinem Menschen einen Vorwurf machen, dass er für sich und seine Familie ein besseres Leben wünscht.

Wir glauben auch, dass die Bevölkerung jedes Landes ein Selbstbestimmungsrecht hat, und machen uns, wo wir können, für die Souveränität und Eigenständigkeit anderer Länder stark. Dieses Engagement hat in unserer Bewegung Tradition. Es war der Kommunist Alfred Klahr, der bereits 1937 erklärte, warum Österreich eine eigenständige Nation ist. Was für uns heute selbstverständlich ist, war damals eine sehr umstrittene Position. Viele bestritten das Existenzrecht Österreichs als unabhängiger Staat.

Wir halten daher nichts von einem Aufgeben der Neutralität und einem Beitritt zur *NATO*. Wir Österreicherinnen und Österreicher haben einst geschworen, dass von unserem Grund und Boden niemals wieder ein Krieg ausgeht. Unsere Neutralität ist ein hohes Gut und die Menschen in diesem Land schätzen sie. Die Neutralität hat eine besondere Bedeutung für Österreich. Sie hat gesichert, dass unser Land selbst über seine Zukunft entscheiden konnte und als kleines Land nicht zwischen den Militärblöcken zerrieben oder aufgeteilt wurde. Sie hat geholfen, den Frieden zu sichern. In Österreich, aber auch über unsere Grenzen hinaus.

Die Neutralität ist aus den schrecklichen Erfahrungen des Zweiten Weltkriegs entstanden. Sie bedeutet nicht, sich nirgends einzumischen, wegzuschauen oder eine passive Haltung einzunehmen. Nein, Neutralität bedeutet genau das Gegenteil: Hinschauen, wo und warum Konflikte herrschen, eine klare Meinung zu vertreten und sich aktiv dafür einzusetzen, dass Frieden herrscht und dass bewaffnete Konflikte beigelegt werden. Denn eines hat sich auch im 21. Jahrhundert nicht geändert: Wenn ein Land gegen ein anderes Krieg führt, wenn Interessen mit Gewalt durchgesetzt werden, wenn das Recht des Stärkeren durchgesetzt werden soll – dann werden Fakten geschaffen, die nie wieder rückgängig gemacht werden können. Wir müssen alles in unserer Macht Stehende dafür tun, dass die Waffen schweigen. Daneben scheint fast alles andere bedeutungslos.

Es ist schon fast fünfzig Jahre her, seit alle Staaten unseres Kontinents und die USA 1976 auf der Konferenz für Sicherheit und Zusammenarbeit in Europa die Schlussakte von Helsinki unterschrieben haben. Darin wurden die Regeln des friedlichen Zusammenlebens auf unserem Kontinent festgeschrieben. Was in Zeiten des Kalten Krieges möglich war, ist nun infrage gestellt. Es besteht die Gefahr, dass jetzt das Recht des Stärkeren an die Stelle von Sicherheit und Zusammenarbeit tritt.

Gerade in Zeiten wie diesen ist es deshalb von großer Bedeutung, zu friedlichen Lösungen beizutragen und nicht bloß Zuschauer zu sein. Mit dem Angriffskrieg Russlands auf die Ukraine im Februar 2022 ist uns allen wieder bewusst geworden, dass Frieden keine Selbstverständlichkeit ist.

Der Anspruch, eine Friedenspartei zu sein, ist hoch, und manchmal wirken die damit verbundenen Ziele unerreichbar. Etwa angesichts von Wladimir Putins Angriffskrieg gegen die Ukraine, der während der Arbeit an diesem Buch erst einige Monate alt war.

Kurz nach Kriegsbeginn musste ich Kritik einstecken, weil ich für eine Niederlegung der Waffen auf beiden Seiten eintrat. Viele interpretierten das so, als würde ich der Ukraine das Recht auf Selbstverteidigung absprechen. Tatsächlich betrachte ich es als Menschenrecht, sich zu verteidigen und die eigene Souveränität zu schützen.

Wladimir Putin hat einen jahrelangen Frieden auf unserem Kontinent zerstört. Er schmückt sich mit den Insignien der Sowjetunion, aber er ist kein Sozialist. Er pflegt engste Verbindungen zur russischen orthodoxen Kirche und zu rechten Ideologen, er hat sich gemeinsam mit den russischen Oligarchen am Land bereichert. Er missbraucht die starke antifaschistische Klammer, die Russland noch immer hat. Damit lässt sich der eigenen Bevölkerung ein Krieg gegen vermeintliche »Faschisten« verkaufen.

Zudem hat Putin im eigenen Land einen Bonus. Er übernahm das Land einst in turbulenten Zeiten, erhöhte die Renten und bediente die Sehnsucht vieler Russinnen und Russen, eine Großmacht zu sein. Am 9. Mai 2022, an dem Russland wie jedes Jahr die Vertreibung der Faschisten als Tag des Sieges feierte, erzählte er diese Geschichte im Zuge einer Militärparade in Moskau.

Ich bin weder Geopolitikerin noch Militärstrategin, aber ich sehe mir internationale Krisen immer an, versuche, sie zu verstehen, und denke darüber nach, was zu tun wäre. Die Ukraine-Krise ist besonders komplex. Außen-, Energie-, Geo-, Wirtschafts- und Flüchtlingspolitik spielen dabei eine Rolle, und sie findet in einem von einer Pandemie, einer Rekordinflation und dem Klimawandel geprägten Umfeld statt.

Jemand muss aus der Gewaltspirale ausbrechen, wenn sie zu einem Ende kommen soll, auch wenn es zunächst oft so aussieht, als müssten dafür Nachteile in Kauf genommen werden.

Die grenzenlose Begeisterung für die Aufrüstung der Ukraine, die selbst von linken und traditionell pazifistischen Gruppen des Westens ausging, hat mich deshalb beunruhigt.

Mir fehlt bei der Strategie des Westens der Blick auf die Russinnen und Russen. Die breite Masse der Ukrainerinnen und Ukrainer hatte vor dem Krieg nichts gegen sie. Es erschien mir deshalb seltsam, dass wir sie kollektiv mit allen Künstlerinnen und Künstlern, Sportlerinnen und Sportlern und ganz normalen Bürgerinnen und Bürgern verurteilten. Putin mag einen großen Teil von ihnen mit seinen Lügen verblendet haben, aber das Ausmaß der Verachtung verdienen sie nicht. Dennoch treffen unsere Sanktionen zunächst einmal sie.

Mir fehlte außerdem der objektive Blick darauf, dass die Ukraine ihre russischstämmigen Staatsbürgerinnen und -bürger in bestimmten Gebieten nicht gut behandelte. Das geht auf die Ansiedelungspolitik Stalins zurück. Seine Absicht war es genau wie in Lettland, die Gebiete zu »russifizieren«, um den Einflussbereich der russischen Sprache und Kultur auszuweiten. Ein Fehler, für den die bereits in der Ukraine Geborenen am allerwenigsten können. Dieser Fehler kann heute keinen Krieg rechtfertigen, er hätte aber wahrgenommen und stärker thematisiert werden sollen.

Als Mensch sowie als Politikerin werde ich immer dafür eintreten, dass wir die Spirale der Gewalt und der Aufrüstung durchbrechen. Auch die Spirale jener Aufrüstung, die schon vor dem Ukraine-Krieg begonnen hat und nun internationale Dimensionen annimmt. Wenn Deutschland sein Rüstungsbudget um hundert Milliarden Euro erhöht und Frankreich nachzieht, fehlt dieses Geld am Ende der Bevölkerung.

Ich sehe die Lösung für die Ukraine-Krise zu dem Zeitpunkt, zu dem dieses Buch entsteht, noch nicht. Wenn aber diese Aufrüstung so weitergeht, sind wir irgendwann wieder dort, wo wir schon einmal waren. Dann wird sie immer mehr Staaten erfassen und sich wieder zu einem Wettlauf entwickeln. Den Punkt, an dem dieser Teufelskreis von selbst stoppt, gibt es nicht. Wenn wir nichts tun, kann sie in einem neuen Weltkrieg enden.

Es gehört nicht zu meinen Aufgaben als Grazer Bürgermeisterin, die Ukraine-Krise zu bewerten und Auswege zu finden. Als Friedensaktivistin glaube ich aber, dass ein Krieg, egal was seine Ursachen sind, gestoppt werden muss, denn die Folgen sind immer unerträglich.

Kriege haben niemals positive Seiten. Es wäre zynisch, das angesichts der Toten, die sie produzieren, zu behaupten. Immerhin sehe ich, dass viele Österreicherinnen und Österreicher jetzt Kriegsflüchtlinge mit neuem Blick betrachten. Durch die Sichtbarkeit des Schicksals ukrainischer Flüchtlinge verstehen sie besser, was andere Flüchtlinge hinter sich haben.

Dieser Krieg zeigt hoffentlich vielen Menschen, dass es keinen Unterschied macht, wer als Flüchtling zu uns kommt. Ein Mensch flüchtet nie grundlos. Er flüchtet, weil er wegen eines Krieges um Leib und Leben fürchtet oder weil er daheim keine Existenz mehr vorfindet. Keins von beidem ist ihm selbst anzulasten.

Das zeigt, dass wir solche Menschen fair behandeln müssen und sie dabei nicht in »gute« und »schlechte« Flüchtlinge einteilen dürfen, in solche, die wir unterstützen, und in solche, die wir im Stich lassen.

Wir können die Geflüchteten willkommen heißen und ihnen menschenwürdige Lebensbedingungen bieten. Wir können Zusammenhalt zeigen und damit einige der dunklen Gewitterwolken vom Himmel über unserem Land oder unserer Stadt vertreiben.

Vielleicht sollten wir uns dabei auch mehr an dem orientieren, was John Lennon schrieb, zum Beispiel für die dritte Strophe von *Imagine*: »Stell dir vor, alle Menschen teilen sich die ganze Welt. Du wirst vielleicht sagen, ich sei ein Träumer, aber ich bin nicht der Einzige. Ich hoffe, eines Tages wirst auch du einer von uns sein, und die ganze Welt wird eins sein.«

In Wirklichkeit ist der Traum, den Lennon hier beschrieb, ein kommunistischer.«

SEHNSUCHT NACH VERÄNDERUNG

Der Erfolg der KPÖ Graz mag bemerkenswert sein, aber ist das nicht trotzdem ein bisschen wenig? Wollte Kommunismus nicht immer mehr? Wollte er nicht eine Alternative zum Kapitalismus sein? Wo also bleibt die Revolution?

»Viele Menschen, darunter auch viele Politiker, denken, die Dinge seien nun eben so, wie sie sind. Sie halten den Kapitalismus für ein schicksalhaftes und unabänderliches Gesellschaftssystem, dabei ist er ein sehr junges System. Nichts ist alternativlos. Viel mehr als wir glauben ist veränderbar, sonst wären wir immer noch im Mittelalter. Es geht auch anders, immer. Wir können gemeinsam bestehende Kräfteverhältnisse verschieben. Es liegt an uns, wie wir leben wollen.

Die Sehnsucht nach Veränderung ist da. Ich bemerke sie oft bei meinen täglichen Gesprächen mit ganz unterschiedlichen Menschen. Es ist die Sehnsucht nach einer Gesellschaftsordnung, die auf Zusammenarbeit statt dauernder Konkurrenz beruht und die Sicherheit und Fürsorge bietet. In der niemand Menschen in bessere und schlechtere einteilt. In der es keinen Unterschied macht, wie jemand aussieht, woher jemand kommt, welches Geschlecht jemand hat und welcher Religion er angehört. In der Kinder gesund und gut heranwachsen können. In der alle ihre Talente entwickeln können.

Wer Sehnsucht nach Veränderung empfindet, sollte wissen, dass er nicht allein damit ist. Es ist die Sehnsucht nach etwas, worauf jeder Mensch ein Recht hat: Nach einem guten und stressfreien Leben in wechselseitigem Respekt und ohne zermürbenden Leistungsdruck. Sich sinnvoll in eine Gesellschaft einzugliedern, die individuelle Fähigkeiten zu nutzen weiß und Rückhalt bietet, wenn dieser gebraucht wird. Es ist die Sehnsucht nach einem Leben, in dem es auch Zeit und Mittel für Familie, Entspannung und private Engagements gibt.

Immer mehr Menschen empfinden das nicht nur so, sondern sagen es auch und drücken es in ihrem Wahlverhalten aus. Sie wollen es nicht mehr hinnehmen, dass die internationale Spitzenpolitik und die multinationalen Konzerne uns dort, wo die wichtigen Entscheidungen fallen, ausschließen.

Um Veränderungen herbeizuführen, müssen wir es dort, wo wir die Möglichkeit dazu haben, anders machen. Orte, an denen Freundlichkeit und Empathie das Zusammenleben bestimmen. Wo Menschen einander auf Augenhöhe begegnen. Wo politische Ambitionen wieder das einzige Ziel haben, für alle ein lebenswertes Leben zu schaffen. Wo wir der Sehnsucht nach Gemeinschaft einen Schritt näherkommen. Ich nenne diese Orte Inseln des Widerstands.

Es geht um einen friedlichen Widerstand, der an der Basis, in den Städten und Gemeinden und in den Betrieben beginnt. Wir als *KPÖ* in Graz sind so eine Insel des Widerstandes gegen das herzlose kapitalistische System und unsere Erfolge zeigen, dass es viele gibt, die so denken.

So eine Bewegung braucht nur eben ihre Zeit. Wir mussten uns in den vergangenen Jahrzehnten das Vertrauen, das wir mittlerweile in der Bevölkerung genießen, erst langsam aufbauen. Jetzt sehe ich, dass unser Erfolg Menschen weit über die Grenzen der Stadt Graz hinaus Mut macht, es selbst zu versuchen.

Viele linke und sozial engagierte Menschen, die resigniert haben, weil sie dachten, es würde politisch ohnedies alles nach rechts driften, knüpfen wieder dort an, wo sie schon einmal waren. Das freut mich sehr und ich kann ihnen nur sagen: Lasst euch niemals entmutigen und verzagt nie. Denn gemeinsames Engagement führt immer zu etwas, selbst wenn es nur der Zugewinn von wertvollen Erfahrungen ist.

Die Vielzahl an großartigen Menschen, die wir in den letzten Jahren als Mitstreiter gewinnen konnten, macht mich zuversichtlich, dass wir nicht nur Mut machen, sondern tatsächlich etwas erreichen können. Auch wenn unsere Spielräume in der Kommunalpolitik begrenzt sind – nicht zuletzt aufgrund der schwierigen budgetären Lage der Stadt, die wir bei der Übernahme der Finanzen vorgefunden haben. Diese Probleme sind auch das Ergebnis eines ungerechten Verteilungsmechanismus innerhalb Österreichs, der Graz seit Jahrzehnten benachteiligt. Unter den großen Städten steigt Graz dabei am schlechtesten aus. Wäre jede Grazerin, jeder Grazer dem Bund so viel wert wie ein Salzburger, hätten wir diese Budgetprobleme nicht. Die Rahmenbedingungen sind also nicht die einfachsten, wir vergessen dabei aber nie auf die sozialen und ökologischen Schwerpunkte.

Wir sind als Politikerinnen und Politiker immer auch auf Menschen in der Verwaltung angewiesen, die unsere Ideen umsetzen können. Gute Leute, die ihr Handwerk verstehen. Auch hier finden wir in Graz ein gutes Kollektiv vor, dessen Arbeit im Magistrat und in der *Holding Graz* ich zu schätzen gelernt habe. Die Loyalität dieser Menschen ist nicht selbstverständlich, schon gar nicht angesichts unseres für viele ungewohnten politischen Stils.

Schließlich laden wir die Menschen ein, sich mit ihren Anliegen direkt an uns Politikerinnen und Politiker zu wenden. In jedem einzelnen Fall geht es um viel, denn niemand wendet sich wegen einer Kleinigkeit an eine Politikerin oder einen Politiker. Trotzdem steigt die Zahl der direkt an uns herangetragenen Probleme seit Jahren kontinuierlich.

Inzwischen melden sich täglich einige Dutzend Menschen, die in Schwierigkeiten geraten sind, bei der Stadt, bei meinen Kolleginnen und Kollegen und bei mir. Eltern, die mangels Kinderbetreuungsplätzen in ein Dilemma geraten sind. Selbständige, die nicht mehr weiterwissen. Und viele, die ihre Strom- oder Gasrechnung nicht bezahlen können. Sie alle verdienen unsere volle Aufmerksamkeit und echte, konkrete Hilfe. »Wenn man zu euch kommt, fühlt man sich nicht wie der letzte Dreck«: Das hat uns vor kurzem eine Frau geschrieben.

Würden wir diese Menschen, die sich vertrauens- und hoffnungsvoll an uns gewandt haben, einfach an das zuständige Amt beziehungsweise an die zuständigen politischen Referentinnen und Referenten weiterleiten, würden das viele als Abweisung verstehen. Andererseits können wir als Stadtregierung und Partei die Verwaltung mit ihrer vollen Kompetenz natürlich nicht ersetzen. Es braucht also ein Klima der gegenseitigen Wertschätzung, bei dem wir die Mitarbeiterinnen und Mitarbeiter in den Ämtern nicht bevormunden, während sie unseren direkten Zugang zu den Menschen respektieren. Dass dies möglich ist, zeigt, dass unser politischer Stil über Parteigrenzen hinweg Menschen motivieren kann.

Es ist auch ein gutes Zeichen, dass sich viele als Teil der in Graz starken Zivilgesellschaft für das Gemeinsame engagieren. Sie alle arbeiten an einer Systemalternative mit, die einem nur an der Profitmaximierung orientierten Kapitalismus gegenübersteht. Politik zu machen bedeutet auch, dieses Engagement zu erkennen und zu fördern. Die Erfolge eines solchen Engagements machen Menschen Mut, es nimmt den Schatten der Ohnmacht von ihnen.

Im besten Fall arbeiten Politik, unabhängige Initiativen und engagierte Einzelpersonen zusammen. Ich denke hier beispielsweise an die Arbeit meines Kollegen Stadtrat Robert Krotzer, der in der Grazer Stadtregierung für Gesundheit und Pflege zuständig ist. Zunächst entwickelte er ein Pflegegeldmodell, das die Zustimmung aller Parteien fand. Es wurde der Ausgangspunkt für weitere gesundheitspolitische Verbesserungen, etwa im Bereich der im Gesundheitswesen herrschenden Arbeitsbedingungen.

Als Grazer *KPÖ* allein könnten wir dabei nicht genug Druck aufbauen, denn vieles wird von Landesgesetzen geregelt, auf die die Stadt Graz nicht direkt Einfluss nehmen kann. Deshalb sammelten wir, während dieses Buch entstand, im ganzen Land Unterschriften für unser Anliegen. Ärztinnen, Pflegerinnen, Krankenschwestern, Gesundheitspersonal und wichtige Organisationen engagierten sich gemeinsam. Es war eine wunderbare, überparteiliche Initiative von Verbündeten für eine gemeinsame Sache.

Es mag trotzdem für manche so aussehen, als wäre die Grazer *KPÖ* ein Phänomen, das es so nur ausnahmsweise und ein einziges Mal gibt. Als wäre unser Erfolg, der Erfolg einer kommunistischen Partei, ein regionales, auf Graz reduziertes Phänomen. Das ist aber ein Irrtum. Es gibt nicht nur in der Steiermark, sondern auch in Salzburg, Linz, Wien, Krems und vielen anderen Städten und Gemeinden Menschen, die Politik so verstehen und leben wie wir.

Es gibt sie auch international. Inseln des Widerstandes gegen das Diktat des Kapitalismus gibt es überall auf der Welt und sie vernetzen sich über Staatsgrenzen hinweg. In Spanien ist die kommunistische *Partido Comunista de España (PCE)* die stärkste Kraft im Linksbündnis *Izquierda Unida (IU)*. In Japan ist die Kommunistische Partei Japans, die *KPJ*, seit Jahrzehnten im Parlament. Bei den jüngsten japanischen Wahlen schaffte sie den vierten Platz. Japan ist ein hoch industrialisiertes, kapitalistisches Land, weshalb sich auch hier die Frage stellen ließe: Wie geht denn das?

Die *KPJ* will den Kapitalismus abschaffen und kämpft gegen den Militarismus. Sie will wie wir eine Gesellschaft auf Basis von Sozialismus, Demokratie und Frieden.

Es gibt weitere internationale Beispiele für Parteien, die mit unseren Werten erfolgreich sind, die uns bereichern und von denen wir alle lernen können. Zu ihnen gehört unsere belgische Schwesterpartei, die *Partei der Arbeit* (PDVA). Sie richtet auch das *International Communist Seminar* aus, das kommunistische Parteien der ganzen Welt vereinigt.

Die PDVA gehört zu den interessantesten marxistischen Parteien überhaupt und ist in ihrem Land sowohl auf Regional- als auch auf Bundesebene erfolgreich. In dem zwischen Wallonen und Flamen gespaltenen Land bilden die Kommunistinnen und Kommunisten die einzige Partei, die keinen Unterschied zwischen den Menschen macht. Sie setzen sich sogar aktiv für ein besseres Verhältnis zwischen den beiden Sprachgemeinschaften ein.

Die sozial- und gesundheitspolitische Arbeit der belgischen PDVA ist richtungsweisend. So etwa haben sie europaweit vorbildliche Gesundheitszentren aufgebaut. Die PVDA ist damit eine moderne, fortschrittliche und im besten Sinne linke Partei. Nachdem sie 1971 gegründet wurde, hatte sie sich –

ähnlich wie in Graz – zunächst zwar langsam, aber doch stetig in ganz Belgien ausgebreitet. Ich bin eine große Freundin dieser Partei, wie sie jetzt ist.

Auch wir sind inzwischen für Bewegungen und politisch engagierte Menschen in der ganzen Welt interessant geworden. Aus Deutschland, Slowenien, Kroatien und vielen anderen Ländern schreiben uns Leute, die mit uns in Kontakt treten wollen. Ich erinnere mich an ein älteres Ehepaar aus Frankfurt, das uns bei einer Gemeinderatssitzung besucht hatte und seinen Aufenthalt dann noch um einige Tage verlängerte, um uns bei der Arbeit zuzusehen.«

DIE KRAFT DES ZUSAMMENHALTS

Warum wird ein Mensch Kommunist? Weil er sich mit der Weltanschauung, dem Programm und dem Stil der kommunistischen Partei seines Landes oder seiner Stadt identifizieren kann. Doch politischen Haltungen liegen immer auch prägende Erfahrungen zugrunde, die manchmal in die Kindheit und in die Zeit des Erwachsenwerdens zurückreichen. Was hat Sie politisch geprägt, Frau Kahr?

»Auf diese mir oft gestellte Frage fallen mir viele Antworten ein. Eine davon lautet: Die Erfahrung von Zusammenhalt und Freiheit. Dort, wo ich aufwuchs, in der Grazer Triestersiedlung, gab es viel von beidem.

Wir alle verklären unsere Kindheit und Jugend, doch die Triestersiedlung war tatsächlich bekannt für ihren Zusammenhalt. Wir alle kamen aus demselben Milieu, das schweißte uns zusammen.

Menschen, die weniger haben, sind oft großzügiger.
Das erlebe ich auch heute noch so.

Meine Eltern hatten in der Triestersiedlung ein kleines Haus auf Leibrente gekauft. Es bestand aus einem Zimmer, einer Küche, einem Vorraum und einem Plumpsklo mit Sickergrube. Die ältere Frau, die uns das Haus verkauft hatte, lebte über uns im Dachgeschoß.

Ein Badezimmer oder eine Dusche hatten wir nicht, Wasser gab es draußen beim Brunnen und einmal die Woche, am Samstag, gingen wir in das öffentliche Tröpferlbad im Augarten, wo ich zwanzig Minuten Brausezeit für mich hatte. Eine Zentralheizung oder Fernwärme gab es auch nicht. Wir heizten alle mit Holz und Kohle.

Trotz unseres bescheidenen Lebens war meine Kindheit schön. Das hatte etwas mit unserem Zusammenhalt zu tun, und mit dem damit verbundenen Gefühl von Freiheit.

Rund um das Haus hatten wir viel Grund. Es waren etwa tausend Quadratmeter und alles war offen. Nirgends gab es Zäune, ebenso wenig wie asphaltierte Straßen. Mein Vater schuf dort ein Paradies für Hühner, Hasen, Enten und Gänse. Als er unser erstes Auto kaufte, scharten sich die Gänse rundherum und schnatterten aufgeregt, weil sie sich im Lack spiegelten. Sie schrien den ganzen Tag, was einige unserer Nachbarn störte. Wir verschenkten sie deshalb nach und nach.

Unser Haus war wie eine kleine Landwirtschaft. Vieles, was wir aßen, baute meine Mutter selbst an. Die meisten Familien machten es so, anders wäre es sich finanziell nicht ausgegangen.

Trotzdem schlachteten wir kein einziges unserer Tiere. Niemand von uns hätte gewusst, wie das geht. Meine Mutter verwendete die Eier in der Küche, aber das war schon alles. Die Tiere ersetzten uns eher den Fernseher. Wir konnten ihnen zusehen und uns mit ihnen beschäftigen.

Der Bahnwärter an dem Gleis, das hinter unserem Haus verlief, hielt sogar Kühe. Züge fuhren nur selten vorbei, aber wenn wir die Dampflok kommen hörten, waren wir alle in heller Aufregung. Die Frauen wurden ganz nervös und liefen, um die Wäsche abzuhängen, denn der Ruß der Lok färbte alles schwarz.

Es war ein unbeschwertes Aufwachsen. Wenn wir Kinder von der Schule heimkamen, machten wir rasch unsere Hausaufgaben und in der warmen Jahreszeit waren wir dann bis zum Abend draußen. Meine Freundinnen kamen manchmal zu uns und an anderen Tagen besuchte ich sie. Im Sommer und im Herbst teilten wir uns das Obst aus den Gärten. Erst wenn uns unsere Mütter wiederholt riefen, gingen wir heim.

Meiner Familie und mir ging es zwar gut, doch es gab auch eine Barackensiedlung, in der manche Kinder bis zum Herbst keine ordentlichen Schuhe hatten und in denen es viele innerfamiliäre Probleme gab. Dort lebten zehnköpfige Familien oft in einem einzigen Raum. Diese Verhältnisse änderten nichts an unserem Umgang mit ihnen. In heißen Sommern, wenn wir und unsere Nachbarn kein Wasser hatten, stellten wir uns beim einzigen öffentlichen Brunnen in der Siedlung an.

Ich wohne noch immer in der Nähe, nur etwas nördlicher, im Bezirk Gries.

Geschichten

Auch Geschichten haben mich geprägt. Sie haben schon immer meine Grundneugier auf die Welt befriedigt. Ich liebe die Geschichten, die mir Menschen jeden Tag erzählen. Und ich liebe die Geschichten, die in Büchern stehen. Damals konnten wir uns all die Bücher, die ich las, gar nicht leisten. Zum Glück gab es eine wundervolle öffentliche Bibliothek, die ich praktisch auslas.

Im Winter war es ziemlich kalt in unserem Haus, weshalb ich mir, wenn keine Schule war, in der Früh einen Sessel hinter den Ofen schob und den ganzen Tag dortblieb. Vor allem Abenteuerbücher wie *Tom Sawyer* oder *Onkel Toms Hütte* verschlang ich dann. Mich faszinierten aber auch Schriftsteller, die anderen zu langatmig waren, wie Dostojewski und Tolstoi. An seinen Büchern gefielen mir die verschiedenen Figuren. Adelige, Bauern, Soldaten, Kriminelle, Bürger, alle vereint im Russland des 19. Jahrhunderts, zerrüttet von Krieg, sozialen Spannungen und Umbrüchen von historischen Ausmaßen.

Bis heute schätze ich den Schriftsteller Jaroslav Hašek und seinen Antikriegsroman *Die Abenteuer des braven Soldaten Schwejk*. Hašek schilderte darin am Beispiel der Donaumonarchie und des Ersten

Weltkrieges den Irrsinn der Kriegshetze und der Mobilisierung und die Stimmung der sogenannten Untertanenvölker, die keine Lust hatten, für fremde Obrigkeiten zu kämpfen.

Bücher waren meine erste Möglichkeit, die Welt außerhalb unserer Siedlung kennenzulernen. In der Schule nannten sie mich den wandelnden Atlas, weil ich alle Länder, Städte und Flüsse kannte und tatsächlich oft einen Atlas dabeihatte. Ich fragte in Reisebüros nach Bildern von Ländern, die mich interessierten. Fernseher hatten wir ja keinen. Der kam erst viel später.

Als Kind liebte ich auch die Geschichten, die mir mein Vater erzählte. Durch sie bekam ich eine vage Vorstellung davon, was Politik bedeuten könnte.

Die Geschichten meines Vaters hatten einige Parallelen zu Hašeks Roman über den Soldaten Schwejk. Mein Vater, Otto Kahr, war Schlosser. Auf der Walz nach Abschluss seiner Lehrzeit kam er mit Freunden viel herum und lebte dabei von der Musik. Er hatte sich selbst beigebracht, einige Musikinstrumente zu spielen.

Von ihm habe ich mein handwerkliches Geschick, das mich befähigte, mein erstes Bett selbst zu zimmern, als ich von daheim auszog. Vor allem aber lehrte er mich früh, allen Menschen, egal, wer sie sind und woher sie kommen, gleich offen zu begegnen. Er formte meinen Blick auf die Welt, aber nicht mit politischen Debatten über irgendwelche Theorien. Er formte ihn mit jenen Geschichten aus seinem Leben, die er so wunderbar erzählen konnte.

Der väterliche Teil seiner Familie stammte aus Ungarn. Sein eigener Vater starb früh an einer Lungenentzündung, weshalb er sich als ältester Bruder um seine acht Geschwister kümmern musste. Seine Mutter war am Feld, damit etwas zu essen ins Haus kam. Das war damals nichts Besonderes. Vielen Familien ging es so.

Vor Beginn des Zweiten Weltkrieges kam er mit Gegnern der Nazis in Kontakt und wollte sich den Partisanen anschließen. Seine Mutter hielt ihn aus Angst um die Familie davon ab. Damals schwor er sich, niemals gegen andere Menschen die Waffe zu erheben.

Als er einrücken musste, hatte er Glück. »Otto, spiel auf!«, hieß es nun auch bei der Wehrmacht. Die Musik rettete ihn vor dem Kampfeinsatz. Er wurde Fahrer.

Mein Vater war kein wilder Hund, wenn es um Proteste ging, sondern er überlegte: Wie kann ich mich dem entziehen? Er begehrte nicht stur auf, sondern entwickelte Strategien. Als sich die

Chance bot, fuhr er gemeinsam mit einem Militärarzt über die Demarkationslinie nach Frankreich. Sie ließen sich festnehmen und gingen in Kriegsgefangenschaft.

Bald konnte er einige Brocken Französisch. Für ihn war es eine verbindende Geste, sich diese Sprache anzueignen, doch das war keine seiner besten Ideen. Er wusste nicht, dass die Franzosen wegen seines Akzents dachten, er käme aus Elsass-Lothringen, und dass sie aus historischen, politischen Gründen Ressentiments gegen Menschen von dort hatten. Das ergab kurz eine brenzlige Situation, bis das Missverständnis aufgeklärt werden konnte.

Von Frankreich schickten ihn die Alliierten über Liverpool mit der Fähre nach Houston in Texas, wo er bis zum Kriegsende blieb. Es gefiel ihm dort und es ging ihm gut. Er aß zum ersten Mal Schinken mit Ananas und ein schwarzer US-Soldat brachte ihm bei, das Saxofon zu spielen. Die Musik verband die beiden. Sie wurden Freunde.

In Texas gehörte er zu einer Gruppe von Kriegsgefangenen, die Sumpfgebiete trockenlegen und dafür unter anderem Frösche einfangen mussten. Warum, das weiß ich nicht mehr, nur noch, dass er mir erzählte, wie ihm die amerikanischen Aufseher zuriefen: »Otto K., come to the frog-catchers!«

Als er zurück nach Österreich kam, wimmelten ihn die Beamten am Schalter der Einwanderungsbehörde ab: »Ausländer nix da. Dort drüben!«, sagten sie. Ein Ausländer war er für sie wegen seines südländischen Aussehens.

Ich verdanke meinem Vater, dass ich anfing, über politische Zusammenhänge nachzudenken. Wobei es nichts an unserer Verbundenheit änderte, dass er nicht mein leiblicher Vater, sondern mein Adoptivvater war. Er und meine Mutter hatten keine eigenen Kinder bekommen können und meine leibliche Mutter hatte mich zur Adoption freigegeben, was eine durchaus kluge Entscheidung gewesen war.

Mein leiblicher Vater war mir nicht bekannt. Erst als ich 1990 selbst Mutter geworden bin, begann ich mich dafür zu interessieren. In den Akten des Jugendamts fand ich die Antwort. Er war Perser und studierte an der Montanuniversität in Leoben. Wie viele Perser damals ging auch er nach Abschluss seines Studiums zurück nach Hause. Die ersten drei Jahre meines Lebens verbrachte ich in einem Kinderheim, danach kam ich zu meinen richtigen Eltern Otto und Edith.

Ein prägender Weggefährte

Ein Mensch, der mich politisch und menschlich besonders geprägt hat, war der damalige Grazer *KPÖ*-Obmann und -Gemeinderat Ernest Kaltenegger. Uns verbindet eine lange gemeinsame Geschichte. Von ihm habe ich viel gelernt. Seinen Rat und seine Überlegungen schätze ich bis heute. Unsere Partei hat ihm viel zu verdanken.

Mein Interesse an Menschen und ihren Lebensumständen sowie an politischen Zusammenhängen und meine Sehnsucht nach einer gerechteren Gesellschaft, all das ließ mich als Jugendliche und junge Erwachsene nach Gleichgesinnten suchen.

Schon im Teenager-Alter sagten mir immer wieder Leute, ich würde wie eine Kommunistin reden. Mit 17 wollte ich genauer wissen, was sie damit meinten.

Ich besorgte mir ein Buch. *Das Kapital* von Karl Marx. Es war mir allerdings zu kompliziert. Also schlug ich das Telefonbuch auf und suchte die Nummer der *KPÖ* heraus. Das war 1979.

Von da an half ich, wenn ich Zeit hatte, bei der *KPÖ* in Graz mit. Die Missverständnisse über den Kommunismus, die ich am Anfang dieses Buches auszuräumen versucht habe, waren damals in

Form von Antikommunismus überall noch groß. Sie zeigten sich etwa bei unseren Infoständen. »Geht's doch nach Moskau!«, empfahlen uns missmutige Passantinnen und Passanten. Einige wechselten sogar die Straßenseite, weil sie sich nicht trauten, öffentlich mit uns zu reden.

Viele von uns Kommunistinnen und Kommunisten mussten ihre Überzeugung und ihr politisches Engagement geheim halten, weil sie sonst ihre Jobs verloren hätten.

Die *KPÖ* galt aus den genannten Gründen seit den 1950er-Jahren als verlängerter Arm Moskaus. Für viele stand aber das Engagement für Frieden im Mittelpunkt. Bei den riesigen Friedensdemonstrationen waren wir immer aktiv. Diese Aktivitäten für Frieden und gegen atomare Aufrüstung wurden getragen von einem breiten Bündnis aus Kulturschaffenden, Gewerkschaftern und Politikerinnen und Politikern, einer bunten Mischung. Künstler wie Georg Danzer, Wolfgang Ambros und Sigi Maron waren dabei. Es war eine gute Zeit, in der wir gemeinsam die Aufrüstung des Kalten Kriegs verurteilten und für Abrüstung demonstrierten. Das waren auch für mich wichtige Erfahrungen, die mich noch stärker an die *KPÖ* banden.

1985 trat ich der *KPÖ* bei und arbeitete seitdem gemeinsam mit Ernest Kaltenegger in der Bezirksorganisation der Grazer *KPÖ*. Die *KPÖ* war damals gerade dabei, in Graz und in der Steiermark neue Wege zu gehen. Unter der Führung Ernest Kalteneggers gelang es uns nach und nach, Vorurteile abzubauen und mehr Menschen von unseren Ideen zu überzeugen.

Kaltenegger machte als Erster die *KPÖ*-typische Politik nach dem Grundsatz »Helfen statt Reden«. Diese Losung hat er formuliert. Seit Mitte der 1990er-Jahre arbeiten wir mit ihr und sie prägt als inhaltliche Klammer unseren Umgang mit den Menschen in unserer Stadt. Ernest Kaltenegger und viele andere mit ihm legten damit den Grundstein dafür, dass die *KPÖ* stimmenstärkste Partei in Österreichs zweitgrößter Stadt werden konnte.

Der *KPÖ*-typische politische Stil geht auch in vielen anderen Bereichen auf ihn zurück. Zum Beispiel, dass es wichtig ist, mit dem eigenen Kopf zu denken. Das hat uns zu einer offenen Partei gemacht. Oder dass wir alle wichtigen Entscheidungen gemeinsam bei unseren Mitgliederversammlungen treffen und dabei alle gleichberechtigt sind, egal ob jemand seit fünfzig Jahren oder seit zwei Monaten dabei ist.

Ernest Kaltenegger war es auch, der die Infostände zu einer Institution in der *KPÖ* machte. Wir fingen 1985 damit an, als unser Team noch viel kleiner war als heute. Alle unsere aktiven Mitglieder bemühten sich, so oft wie möglich dabei zu sein. Auch er war Woche für Woche an den Infoständen anzutreffen. Wenn Ernest Kaltenegger da war, scharten sich die Menschen um ihn.

Schon damals entstanden viele unserer politischen Vorhaben an diesen Ständen. So etwa erfuhr Kaltenegger dort von einem Betroffenen, was Spielsucht mit Menschen machen kann. Er recherchierte weiter und holte sich Hintergrundinformationen von Vereinen. So stellte er fest, dass sich das Problem durch alle Gesellschaftsschichten zieht und dass die Glücksspielkonzerne ihre Profite wissentlich auf Kosten der psychischen Gesundheit und der existenziellen Grundlage vieler Menschen machen. Wir waren eine der ersten Parteien, die das unter dem Titel »Keine Geschäfte mit der Spielsucht« thematisierten.

Unsere Infostände haben einen doppelten Sinn. Zum einen können wir die Grazerinnen und Grazer darüber informieren, wer wir sind und was wir wollen. Zum anderen sind sie die beste Möglichkeit, zuzuhören. So wie das Thema Spielsucht gelangten viele Probleme, Sorgen und Anliegen über unsere Infostände in den Gemeinderat. Viele sagen mir deshalb, wir seien die Einzigen, die zuhören und dann auch wirklich etwas tun. Und anders als die meisten anderen Parteien sind unsere Leute immer in der Stadt anzutreffen, nicht nur in Zeiten von Wahlkämpfen.

Die Wirkung von Ehrlichkeit

Tatsächlich stehe ich noch immer gern an unseren Infoständen. Ich rede gern mit Menschen. Es interessiert mich, was sie beschäftigt, und ich habe das Glück, mir Gesichter und Geschichten gut merken zu können.

Ich versuche, nichts zu versprechen, was ich nicht halten kann. Wenn ich offen sage, was machbar ist und was nicht, welche Ziele realistisch sind und welche nicht, stößt das meist auf Verständnis.«

Offenheit bedeutet auch, einander auf Augenhöhe und mit Respekt zu begegnen.

BÜRGERMEISTERIN SEIN

Wir stellen uns vor, wir wären eines Tages Bürgermeister oder Bürgermeisterin unserer Heimat- und Lieblingsstadt, in der wir unser ganzes Leben verbracht haben und jede Ecke kennen. Wir haben nicht damit gerechnet, es zu werden. Was tun wir jetzt? Worauf besinnen wir uns? Was finden wir dabei über uns selbst heraus?

»Zu Beginn des Sommers 2021 stand ich nach einer Gemeinderatssitzung mit Kolleginnen und Kollegen am Grazer Hauptplatz beisammen, als eine Frau auf mich zukam, eine Lehrerin, die an einem Gymnasium Sprachen unterrichtet. Sie hatte Angst vor dem Schulbeginn nach den Sommerferien, weil sie sich wegen einer Vorerkrankung nicht impfen lassen konnte und andere Lehrerinnen und Lehrer sie deshalb gemobbt hatten. Sie weinte, als sie mir davon erzählte. Sie fürchtete sich vor der Impfpflicht und überhaupt davor, was sein würde, wenn im Herbst wieder alles losging.

Ich dachte, diese Frau hat jetzt zwei Monate Ferien und sollte sich entspannen können. Ich sagte ihr also, ich hätte zwar auch keine Glaskugel, wage aber zu behaupten, dass die Impfpflicht nicht in der Form kommen würde, wie sie es jetzt befürchtete. Was sich letztlich ja auch bewahrheitete.

Am Ende unseres langen Gesprächs schrieb ich ihr noch die Adresse eines Arztes auf, den ich empfehlen konnte. Er würde wissen, ob sie sich mit ihrer Vorerkrankung gegebenenfalls trotzdem impfen lassen konnte oder ob ihr anderenfalls ein Befreiungsschein zustand.

Da ich für Wohnen und Soziales zuständig bin, ist mir persönlicher Kontakt wichtig. Deshalb gehe ich oft in die Bezirke und treffe mich vor Ort mit Leuten. So erfahre ich aus erster Hand von Sorgen, Anliegen und Kritikpunkten.

Dabei geht es nicht immer nur um die großen Dinge. Hier fehlt eine Sitzgelegenheit, da ist ein Nachbar zu laut, dort braucht jemand einen Lift oder es gibt Unklarheiten mit der Betriebskostenabrechnung. Ich mache mir dann vor Ort ein Bild. Wenn es einen Konflikt gibt, ist es notwendig, beide Seiten zu hören. Ich treffe dabei auch Menschen, die einfach nur plaudern oder ihre Alltagsgeschichten teilen wollen.

Ich war auch deshalb immer gern Grazer Kommunalpolitikerin.

Heimat ist ein schwieriger Begriff, da er oft missbraucht wurde und wird. Aber Graz ist definitiv mein Zuhause.

Ich lebe gern in meinem Bezirk Gries, dem 5. Grazer Bezirk. Ich kenne die Menschen dort, die Gasthäuser, und fast jede Ecke. Doch nach meinen vielen Jahren in der Kommunalpolitik sind mir die anderen Viertel fast ebenso vertraut.

Wir merken oft erst später, was Dinge bedeuten und für welche Entwicklung sie stehen. Zum Beispiel sind in die einstigen klassischen Arbeiterbezirke Gries und Lend wegen der dort günstigeren Mieten viele Studierende und Familien aus anderen Herkunftsländern gezogen. Die Aufteilung der Stadt in Arbeiter- und bürgerliche Bezirke mit der Mur als Grenze dazwischen verschwimmt dadurch.

Woraus sich heute Schlüsse ziehen lassen. Zum Beispiel der, dass wir uns als Stadt Grundstücke für den kommunalen Wohnbau dort sichern sollten, wo wir bisher keine oder nur wenige haben. Oder dass in Gemeindewohnungen auch Menschen mit mittleren Einkommen wohnen sollen, damit keine Ghettos entstehen. Zudem tun leistbare Mieten im Rahmen langfristiger Mietverträge allen gut, auch jenen, deren Haushaltseinkommen 3.000 Euro beträgt.

Es hätte mir jedenfalls auch Freude gemacht, weiterhin Stadträtin zu bleiben. In den Stunden nach der Grazer Gemeinderatswahl des Jahres 2021 ging mir dann vieles durch den Kopf. Wer hätte gedacht, dass ich als erste Frau das Bürgermeisteramt übernehmen würde? Als *KPÖ*-Politikerin, als Tochter eines Schlossers und einer Verkäuferin? Wer hätte das gedacht, als ich in der Triestersiedlung aufwuchs, dort, wo es damals noch Baracken gab? Ich jedenfalls nicht. Bürgermeisterin zu werden war nie auch nur im Entferntesten ein Plan von mir.

Der Moment im *ORF*-Studio, als der Balken der Hochrechnung nach oben kletterte, war unwirklich für mich. »Das kann nicht sein«, sagte ich unmittelbar vor dem anschließenden Interview zu dem Moderator. »Da muss ein Irrtum vorliegen.«

Eine Reaktion, die folglich einige Journalistinnen und Journalisten an meiner Bereitschaft zweifeln ließ, das Amt auch wirklich zu übernehmen. Ich hatte einfach nicht mit diesem enormen Zuspruch gerechnet.

Als ich das Amt antrat, war mir bewusst, dass die Verantwortung groß ist und die Zeiten nicht einfach sind. Doch mittlerweile besteht unsere Bewegung aus vielen Menschen, die mir Sicherheit geben. Zu ihnen gehört auch mein Lebensgefährte Franz Parteder, der früher selbst als Landesvorsitzender der steirischen *KPÖ* politisch tätig war. »Bleib einfach so, wie du bist«, sagte er mir. »Du musst dich nicht verstellen und von heute auf morgen alles besser können als die anderen.«

Oft hat man den Anspruch an sich selbst, alles zu wissen. Als ich einmal zu einer Jubiläumsveranstaltung am Grazer Institut für Weltraumforschung eingeladen war, hatte ich keine Ahnung, was ich dort sagen könnte. Im Publikum würden Forscher sitzen, die dieses Gebiet ihr Leben lang bearbeitet haben, unter ihnen der künftige Nobelpreisträger Anton Zeilinger, der unmittelbar vor mir seine Festrede hielt. Was sollte ich diesen Menschen erklären?

Mir wurde bewusst, dass es gar nicht darum ging, ihnen etwas zu erklären. Es ging viel eher darum, die Arbeit dieser Menschen zu würdigen und neugierig zu sein. Das ist ein wichtiger Aspekt jeder politischen Arbeit auf jeder Ebene, auch auf der einer Bürgermeisterin.

Das Echo auf den Erfolg unserer Grazer *KPÖ* war jedenfalls enorm. Hunderte, wenn nicht tausende E-Mails, Kurznachrichten und Anrufe erreichten uns. In den ersten Tagen schafften wir es kaum, alle zu lesen, geschweige denn zu beantworten. Das Medieninteresse war enorm. Journalistinnen und Journalisten aus ganz Europa meldeten sich, sogar die *Washington Post* interessierte sich für uns.

Ich maße mir nicht an, diesen Erfolg vollständig erklären zu können. Aber die Themen, mit denen wir uns seit Jahren befassen, gehören bestimmt zu den Gründen. Wohnen, Arbeit, soziale Gerechtigkeit, Pflege, Kinderbetreuung und Bildung. Es sind bodenständige Themen, die das Leben aller Menschen prägen.

Eines gilt ganz sicher: Entscheidend sind nie die letzten Wochen oder Monate vor einer Wahl, in denen Parteien möglichst großspurige Versprechungen machen und Forderungen erheben. Entscheidend sind die Jahre und Jahrzehnte davor, in denen es darum geht, für die Menschen einfach da zu sein. Es gibt immer wieder Sternschnuppenparteien, die kurz vor einer Wahl auftauchen, manchmal auch Erfolge feiern, dann aber schnell verglühen. In Graz haben wir jahrzehntelang das Vertrauen sehr vieler Wählerinnen und Wähler erarbeitet.

Koalition mit einer Stadt

Es gab nach der Wahl den Moment, in dem ich innehielt und dachte: Wie gehen wir das an? Es lag auf der Hand, dass von der stimmenstärksten Partei erwartet wird, eine Koalition zu bilden. Das haben wir nach Gesprächen mit allen Parteien auch gemacht. Letztendlich war die gemeinsame Schnittmenge mit *Grünen* und *SPÖ* am größten. Das wurde von der Grazer *KPÖ*-Basis auch einstimmig mitgetragen. Seither arbeiten wir gut zusammen.

So wichtig die Koalition zwischen Parteien ist, die Koalition mit den Wählerinnen und Wählern muss auch noch halten, wenn eine Wahlperiode zu Ende geht.

Die Übereinstimmung von Wort und Tat ist für uns weiterhin die Essenz dessen, was Erfolg in der Politik ausmacht, egal ob es um europäische, nationale oder kommunale Politik geht. Die wichtigste Voraussetzung dafür besteht darin, realistische Ziele zu formulieren. Wir können guten Gewissens sagen, dass wir in den vergangenen Jahren nichts versprochen haben, was wir nicht auch halten konnten beziehungsweise halten können.

Die Menschen wissen, dass Veränderungen notwendig sind, dass vieles wünschenswert wäre und dass eine Partei mit ihren lokalen Instrumenten nicht alles schaffen kann.

Hätten wir den Grazerinnen und Grazern die Dreißig-Stunden-Woche versprochen, wäre das unseriös gewesen. Sehr wohl sind aber auf kommunaler Ebene gerechtere Bedingungen für städtische Bedienstete durchsetzbar. Das ist ein realistisches Ziel, bei dem wir auch schon konkrete Verbesserungen erreichen konnten.

Persönlich

Unter dem Strich hat sich für mich als Bürgermeisterin verändert, dass eine Reihe von neuen Aufgaben dazugekommen ist. Mein Umgang mit anderen Menschen ist gleich geblieben. Mich in den politischen Elfenbeinturm zurückzuziehen, käme mir nicht in den Sinn. Ich versuche, mir treu zu bleiben und persönlich für die Leute da zu sein.

Spricht mich jemand im Bus wegen einer Gemeindewohnung an, schreibe ich mir die Telefonnummer auf, um einen Termin zu vereinbaren. Meine Handynummer ist kein Geheimnis.

Auch wenn ich das höchste Amt der Stadt innehabe, ist mein Verständnis vom politischen Dienst gleich geblieben wie damals, als ich als junge Frau aktiv wurde. Nur weil »die Elke« jetzt Bürgermeisterin ist, soll niemand den Eindruck gewinnen, ich wäre unerreichbar geworden.

»Persönlich« bedeutet für mich auch, mich als Bürgermeisterin ohne politische Pose so zu zeigen, wie ich bin.

Auf die Frage, wie ich bin, kann ich sagen: Ich habe viel gesehen und erlebt und hatte auch viel Glück dabei. Ich hatte auch immer Freude daran und das ist mir weiterhin wichtig. Früher, als das Leben in mancher Hinsicht noch freier war, trieb ich mehr Schabernack als heute, aber ohne Humor geht es für mich noch immer nicht. Es fällt mir schwer, mit gänzlich humorbefreiten Menschen zu arbeiten.

Ich bin auch leidenschaftlich. Ich kann nicht anders, als mich auf die Dinge, die ich tue, voll einzulassen. Gleichzeitig kann ich nicht untätig sein. Mein Mann fürchtet sich vor dem Tag, ab dem es keine Aufgabe mehr für mich gibt. Er vermutet, dass ich dann einmal die Woche unsere Wohnung auf den Kopf stellen werde.

Ich interessiere mich für sehr vieles. Ich liebe gute Filme und Musik, gehe gern zu Konzerten. Ich lese gern, komme aber leider nur noch selten dazu. Ich sage meistens, was ich denke, das habe ich mir bewahrt. Damit trete ich ab und zu in Fettnäpfchen, aber das ist es mir wert. Ich mag keinen Streit und würde mich als harmoniebedürftig beschreiben.

Ich versuche, allen Menschen respektvoll zu begegnen, und halte viel von Höflichkeit, in dem Punkt bin ich fast wertkonservativ. Dass dies in der *KPÖ* Graz auch intern gelebt wird, darauf bin ich stolz. Es ist eine unserer Stärken.

Ich bin unprätentiös, so wie alle in der *KPÖ*. Wir sind anders als die anderen. Das zeigt sich auch bei unseren vielen Veranstaltungen und Festen. Egal, welche Funktion jemand bei uns hat, alle helfen mit, ob beim Ausschank, beim Geschirrabwaschen oder beim Auf- und Abbau. Gemeinsam haben wir eine Freude daran zu sehen, dass wir gute Gastgeber sind, tolle Feste veranstalten und die Besucherinnen und Besucher sich bei uns wohlfühlen. Unseren Slogan »Wir alle sind Graz« versuchen wir auch persönlich vorzuleben.

Aus der Ohnmacht zur Stärke

Bei meiner Antrittsrede als Bürgermeisterin erwähnte ich die enorme Verantwortung, die wir als *KPÖ* nun tragen würden. Immerhin hielt ich diese Rede in einer Zeit, in der vieles unsicher war, und das hat sich seither nicht geändert.

Trotz dieser Voraussetzungen bin ich optimistisch. Vielleicht liegt es daran, dass wir, wie viele andere Menschen, Zeit unseres Lebens Auswege aus schwierigen Situationen suchen mussten und meistens gemeinsam mit anderen gefunden haben. Wir vergessen heute oft, welches Leid unsere Vorfahren bereits erlebt und überstanden haben.

Manchmal höre ich von jungen Menschen, wie bedrückt sie in die Zukunft blicken. Wird das jemals wieder eine lebenswerte Welt? Kann ich überhaupt noch die Verantwortung übernehmen, ein Kind in diese Welt zu setzen? Das sind ihre Fragen und ich kann sie verstehen.

Die Entwicklungen sind besorgniserregend. Daran gibt es nichts zu beschönigen. Wir alle wissen nur zu gut um die Probleme und spüren sie jeden Tag. Trotzdem ist es falsch, wenn wir in unseren Ängsten aufgehen oder wenn Politikerinnen und Politiker sie mit den falschen Botschaften sogar noch schüren.

Wir sollten uns im Gegensatz dazu Mut machen und uns auf die Möglichkeiten konzentrieren, die wir haben, um dort, wo wir leben, eine bessere Welt zu verwirklichen. Dabei kommt es jetzt mehr denn je darauf an, um Zusammenhalt und Frieden zu ringen.

Wir können zwischendurch auch verlieren, das ist schon richtig, und ich weiß, wie es sich anfühlt. Trotz des kontinuierlichen Aufstiegs der *KPÖ* zur stimmenstärksten Grazer Partei haben auch wir verloren. Angesichts von Niederlagen und sich auftürmenden Problemen die Hoffnung zu bewahren, ist nicht immer einfach. Aber was ist die Alternative? Einfach aufzugeben ist keine.

Ein bekannter Spruch lautet: Wer kämpft, kann verlieren. Wer nicht kämpft, hat schon verloren.

Viele unserer Probleme mögen erdrückend wirken und uns ein Gefühl von Ohnmacht geben, doch wir können unseren Blick immer auf das Nächstgelegene richten, auf die Menschen, unsere Umwelt, auf Zusammenhalt. Dann verschwindet das Gefühl von Ohnmacht, dann sehen wir, wie viel wir tun können, und durch das Tun verschwinden auch die Ängste.

Ich bin zwar Bürgermeisterin der Stadt Graz und für mich ist das eine große Aufgabe. Trotzdem ist das nur ein kleiner Baustein, gemessen an den großen Fragen der Welt. Gleichzeitig ist es sehr viel. Denn nur dort, wo wir leben, können wir positive Veränderungen erreichen.

Hier können wir beweisen, dass tatsächlich nichts alternativlos ist und es immer einen Ausweg gibt. Aus der Ohnmacht wird auf diese Weise eine Stärke.«

DALAI LAMA
GRETA THUNBERG

mit führenden Wissenschaftlern

Kreisläufe des Klimawandels

Wie Klima Feedback Loops die Welt zerstören oder retten werden

Herausgegeben von Susan Bauer-Wu und Thupten Jinpa

edition a

Dalai Lama, Greta Thunberg,
Kreisläufe des Klimawandels

Greta Thunberg und der Dalai Lama trafen sich, um das größte Problem, vor dem die Menschheit je stand, zu besprechen. Das Thema der beiden großen Lichtgestalten unserer Zeit waren die sogenannten Klima-Feedback-Loops, also sich selbst verstärkende Kreisläufe, die den Planeten zerstören, aber auch retten können. Aus ihrem Gespräch, das sie gemeinsam mit einigen der renommiertesten KlimaforscherInnen der Welt führten, entstand dieses Buch. Sein Inhalt ist aufschlussreich, präzise, dramatisch und dennoch optimistisch, denn es zeigt auch, was wir alle jetzt noch tun können.

208 Seiten, 22€
ISBN: 978-3-99001-529-2

Michael Lohmeyer
DIE 50 GRÖSSTEN
ÖKO LÜGEN
Wie uns Politik und Industrie an der Nase herumführen
edition a

Ludwig Adamovich

WO WIR STEHEN

Vom langjährigen Präsidenten des österreichischen Verfassungsgerichtshofes

edition a

Ludwig Adamovich,
Wo wir stehen

Die Zivilgesellschaft scheint noch nie so bedroht wie jetzt gewesen zu sein. Populistische und nationalistische Strömungen stellen die Demokratie infrage, die Corona-Krise hat politische Durchgriffsmöglichkeiten gebracht, wie es sie seit dem zweiten Weltkrieg nicht mehr gegeben hat, Migration, der Zerfall etablierter Institutionen und wirtschaftlicher Druck verunsichern und das Friedensprojekt Europäische Union ist angeschlagen. Wo stehen wir? Wie groß sind welche Gefahren? Was müssen wir tun? Und welche Utopie könnte uns leiten? Ludwig Adamovich, langjähriger Präsident des Verfassungsgerichtshofes und Grand Seigneur der Republik Österreich, analysiert die Lage. Leicht ist es nicht, sagt er, aber leicht war es nie.

128 Seiten, 16€
ISBN: 978-3-99001-456-1